오늘부터
초등
어휘왕

일러두기

- 이 책에 소개된 한자는 '사단법인한국어문회' 급수 한자를 참고했습니다.
- 이 책에 소개된 단어의 뜻풀이를 비롯하여 외래어, 지명, 연도는 국립국어원의 표준국어대사전을 참고하였습니다.
- 이 책에 삽입된 사진은 셔터스톡에서 구매한 사진 혹은 위키미디어와 픽사베이 및 무료 사진 사이트를 통해 제공받았습니다. 따라서 저작권상의 문제가 없는 사진들이며, 출처가 확고한 사진에 대해서는 각 항목별로 표기해 두었습니다.

어린이가 꼭 알아야 할 100한자 1000단어
오늘부터 초등 어휘왕

초판 1쇄 발행 2024년 7월 24일
초판 2쇄 발행 2024년 8월 1일

지은이 최선민
펴낸이 김선식, 이주화

콘텐츠 개발팀 김찬양, 이동현, 임지연
편집 한귀숙 **일러스트** 변우재 **디자인** 조수정

펴낸곳 ㈜클랩북스 **출판등록** 2022년 5월 12일 제2022-000129호
주소 서울시 마포구 어울마당로3길 5, 201호
전화 02-332-5246 **팩스** 0504-255-5246
이메일 clab22@clabbooks.com
인스타그램 instagram.com/clabbooks
페이스북 facebook.com/clabbooks

ISBN 979-11-93941-10-2 74700
  979-11-93941-11-9 (세트)

- 클랩북스는 다산북스의 임프린트입니다.
- 책값은 뒤표지에 있습니다.
- 파본은 구입하신 서점에서 교환해드립니다.
- 이 책은 저작권법에 의하여 보호를 받는 저작물이므로 무단 전재와 복제를 금합니다.

> ㈜클랩북스는 독자 여러분의 책에 관한 아이디어와 원고 투고를 기다리고 있습니다.
> 책 출간을 원하시는 분은 이메일 clab22@clabbooks.com으로 간단한 개요와 취지, 연락처 등을 보내주세요.
> '지혜가 되는 이야기의 시작, 클랩북스'와 함께 꿈을 이루세요.

어린이가 꼭 알아야 할 100한자 1000단어

오늘부터 초등 어휘왕

최선민 지음

교과 연계
단어로 어휘력과
문해력이 커지는
보물 같은 책

초등 최신
교육 과정
과목별 필수 단어
1000개 수록

클랩북스

차례

작가의 말 8

입문편

1	入	들 입	....	12
2	學	배울 학	....	14
3	先	먼저 선	....	16
4	親	친할 친	....	18
5	兄	형 형	....	20
6	冊	책 책	....	22
7	書	글 서	....	24
8	食	먹을 식·밥 식	....	26
9	手	손 수	....	28
10	朝	아침 조	....	30
11	動	움직일 동	....	32
12	同	한가지 동	....	34
13	誠	정성 성	....	36
14	禮	예도 례(예)	....	38
15	習	익힐 습	....	40
16	規	법 규	....	42
17	長	어른 장·길 장	....	44

초급편

1	感	느낄 감	....	48
2	文	글월 문	....	50
3	作	지을 작	....	52
4	童	아이 동	....	54
5	計	셀 계	....	56
6	時	때 시	....	58
7	分	나눌 분	....	60

8	交	사귈 교	…………	62
9	通	통할 통	…………	64
10	人	사람 인	…………	66
11	衣	옷 의	…………	68
12	農	농사 농	…………	70
13	豫	미리 예	…………	72
14	物	물건 물	…………	74

중급편

1	角	뿔 각	…………	78
2	多	많을 다	…………	80
3	方	모 방·본뜰 방	…………	82
4	記	기록할 기	…………	84
5	縮	줄일 축	…………	86
6	等	무리 등	…………	88
7	中	가운데 중	…………	90
8	公	공평할 공	…………	92
9	住	살 주	…………	94
10	問	물을 문	…………	96
11	村	마을 촌	…………	98
12	生	날 생	…………	100
13	低	낮을 저	…………	102
14	高	높을 고	…………	104
15	差	다를 차	…………	106
16	世	인간 세·대 세	…………	108
17	地	땅 지	…………	110
18	石	돌 석	…………	112
19	巖	바위 암	…………	114
20	植	심을 식	…………	116

21	測	헤아릴 측	....	118
22	平	평평할 평	....	120
23	合	합할 합	....	122

상급편

1	共	함께 공	....	126
2	助	도울 조	....	128
3	論	논할 론(논)	....	130
4	主	주인 주·임금 주·심지 주	......	132
5	根	뿌리 근	....	134
6	約	맺을 약	....	136
7	數	셈 수	....	138
8	行	다닐 행	....	140
9	島	섬 도	....	142
10	國	나라 국	....	144
11	氣	기운 기	....	146
12	災	재앙 재	....	148
13	法	법 법	....	150
14	形	모양 형	....	152
15	言	말씀 언	....	154
16	權	권세 권·저울추 권	....	156
17	實	열매 실	....	158
18	傳	전할 전	....	160
19	對	대할 대	....	162
20	斷	끊을 단	....	164
21	系	맬 계	....	166
22	溶	녹을 용	....	168
23	溫	따뜻할 온·쌓을 온	....	170
24	速	빠를 속	....	172

1	推	밀 추	………	176
2	發	필 발	………	178
3	立	설 립(입)	………	180
4	政	정사 정·칠 정	………	182
5	獨	홀로 독	………	184
6	會	모일 회	………	186
7	直	곧을 직	………	188
8	民	백성 민	………	190
9	抗	겨룰 항	………	192
10	自	스스로 자	………	194
11	經	날 경	………	196
12	家	집 가	………	198
13	業	업 업	………	200
14	重	무거울 중	………	202
15	爭	다툴 쟁	………	204
16	勞	일할 로(노)	………	206
17	貧	가난할 빈	………	208
18	陸	뭍 륙(육)	………	210
19	相	서로 상	………	212
20	非	아닐 비·비방할 비	………	214
21	光	빛 광	………	216
22	屈	굽힐 굴	………	218

고급편

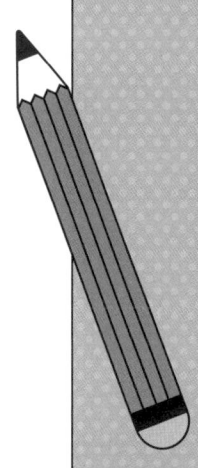

부록 1   한자별 초등 개정 교과 과정   ···· 220
부록 2   초등 개정 교과 과정 필수 단어   ···· 224

작가의 말

주렁주렁 열리는 어휘 수확의 기쁨

　15년간 학교 안팎에서 많은 아이들을 만나 오면서, 결국은 문해력과 배경지식이 공부하는 힘을 좌우한다는 생각이 점점 더 확고해지고 있습니다. 여전히 나날이 유입되는 영상 콘텐츠는 아이들의 문해력 저하에 큰 영향을 끼치고 있지만요. 책을 통해 접할 수 있는 다양한 표현이나 학문 어휘 대신 영상을 통한 일상 어휘만을 사용하다 보니 모르는 단어가 너무 많고, 모르는 단어가 많다 보니 글을 읽어도 이해가 되지 않는 현상이 나타나는 것입니다.

　문해력의 기반은 어휘력입니다. 각각의 어휘를 제대로 이해하고, 다채롭게 구사할 줄 안다면 세상을 보다 깊이 이해하고, 마음속에 담아 둔 자신의 생각을 온전하게 표현할 수 있습니다. 더불어 교과 학습을 하는 데에도 큰 도움을 줍니다.

　그러다 보니 늘 어휘 수업에 대한 갈증이 있었습니다. 단어를 관통하는 공통된 한자만 제대로 알아도 학습 내용을 훨씬 수월하게 이해할 수 있으니까요. 하지만 실제 수업에서는 수학 연산, 과학 실험 등 그 과목에 해당하는 학습 내용을 배워야 하기에 어휘 자체에 시간을 할애하기란 무척 어려운 일입니다. 그 안타까운 마음이 『오늘부터 초등 어휘왕』으로 이어졌습니다.

학년별로 이해할 수 있는 어휘를 선별하여 책을 써 내려가면서 저는 한자의 급수 기준과 우리말 어휘의 난이도 차이로 고민에 고민을 거듭했습니다. 예를 들어 '백성 민(民)'은 한자로는 가장 쉬운 8급 한자이지만, 이 한자를 활용한 '민주주의(民主主義)'는 6학년 사회 교과에서 나오니까요. 반대로 '미리 예(豫)'와 같이 4급 한자가 3학년 과학 교과의 '예상(豫想)'으로 나오는 경우도 있었습니다. 혼란스러운 과정이 있었지만, 결국 이 책에서 전하고자 했던 우리말 어휘를 기준으로 한자를 나누었습니다. 이 책은 한자의 형태를 배우기 위한 책이 아니고, 우리말에서 한자가 어떻게 쓰였는지를 이해하기 위한 책이니까요.

더불어 한자를 공부하면서 파생되는 교과 어휘, 일상 어휘, 속담, 관용어, 사자성어, 『사자 소학』, 『명심보감』 등의 다양한 어휘와 배경지식 들이 줄줄이 연계될 수 있도록 구성하는 데 힘썼습니다.

『오늘부터 초등 어휘왕』은 한자를 소개하지만 한자 자체를 공부하기 위한 책이 아닙니다. 한자의 뜻을 제대로 알고, 그 한자로 이뤄진 우리말 단어를 이해할 수 있도록 정리한 책입니다. 이 책을 통해서 튼실하게 열매 맺은 감자가 주렁주렁 올라오듯 줄줄이 연결된 어휘를 건져 올리는 기쁨을 느끼길 기원합니다.

최선민

입문편

입문 편에서는 초등학교에 입학한 뒤에 자주 듣는 어휘를 소개해요. 학교생활을 하면서 자주 듣는 단어들의 깊은 뜻을 알 수 있지요. 또한 한자와 관련된 속담을 통해 어휘에 대한 이해도를 높여 보아요.

1 入 들 입

- **수입** 외국의 상품이나 기술을 사들임
- **출입구** 나갔다가 들어왔다가 하는 어귀나 문
- **입춘** 봄이 시작된다고 여기는 절기로, 양력으로 2월 4일경
- **개입** 자신과 직접적인 관계가 없는 일에 끼어듦
- **진입** 목표한 곳으로 들어서거나 목표에 이르러 다다름
- **도입** 기술, 방법, 물자 따위를 끌어들임

- **입학**
초등학교 1학년 때, 부모님 손을 잡고 학교에 입학한 날을 기억하나요? 이렇게 학생이 되어 공부하기 위해 학교에 들어가는 것을 '입학'이라고 해요.

- **입시**
입학할 사람을 선별하기 위해 또는 입학하기 위해서 치르는 시험을 '입시'라고 해요. 우리나라의 대표적인 입시는 고등학교 3학년 때 보는 '수능(대학 수학 능력 시험)'이에요.

1. 개입 •　　　• ① 아빠 회사에 AI 기술이 (　　)되면서 일하는 속도가 빨라졌대.
2. 도입 •　　　• ② 나는 준희와 영미의 싸움에 (　　)하고 싶은 생각이 없어.
3. 입춘 •　　　• ③ 옛날에는 중학교도 (　　)시험이 있었다니 너무해.
4. 입학 •　　　• ④ (　　)이 지났지만 여전히 겨울 날씨같이 춥네.

어휘 확장하기

- **漸入佳境(점입가경)**
들어갈수록 점점 재미있다는 뜻으로 쓰이거나 시간이 지날수록 하는 짓이나 몰골이 더욱 꼴불견이라는 뜻으로 쓰여요.
요즘 인기를 끌고 있는 드라마의 내용이 **점입가경**이다.

- **先入見(선입견)**
어떤 대상에 대하여 마음속으로 먼저 생각하고 있는 고정적인 관념을 '선입견'이라고 해요. 선입견을 가지고 있으면 잘못된 판단을 내릴 수 있어요. 선입견과 비슷한 표현으로는 한쪽으로 치우친 생각이라는 뜻을 가진 '偏見(편견)'이 있어요.
모두 김치를 좋아할 거라는 것은 **선입견**이다.

정답 1. 입학 2. 개입 3. 입시 4. 입춘

2 學 배울 학

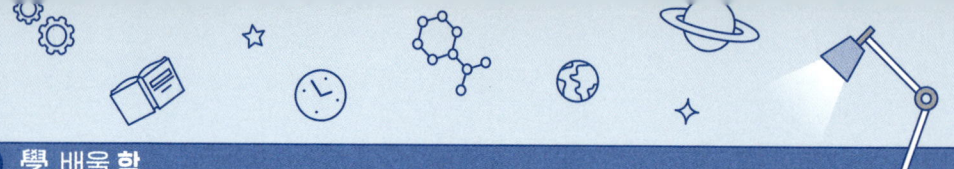

- **학생** 학교에 다니면서 공부하는 사람
- **학습** 새로운 지식이나 기술을 배워서 익히는 것
- **학원** 학교가 아닌 사설 교육 기관을 전체적으로 이르는 말
- **유학** 외국에 나가서 공부함
- **방학** 학교에서 학기나 학년이 끝난 뒤 또는 더위나 추위를 피하기 위하여 여름이나 겨울에 수업을 일정 기간 동안 쉬는 일

- **초등학교**
'초등학교'는 아동들에게 기본적인 교육을 실시하기 위한 교육 기관이에요. 우리나라에서는 만 6세가 되면 누구나 초등학교에 입학하고, 6년에 걸쳐 살아가면서 꼭 알아야 할 지식을 익히고 배워요.

- **학급**
한 교실에서 공부하는 학생의 집단을 '학급'이라고 해요. 보통은 같은 학년 학생들이 한 학급에서 공부를 해요. 하지만 섬마을처럼 학생 수가 적은 지역에서는 두 학년이 한 반에서 공부하기도 하는데, 이런 학급을 '복식 학급'이라고 해요.

1. 우리 사촌 언니는 미국으로 ㅇ ㅎ 을 갔어.
2. 여름 ㅂ ㅎ 에 수영을 다닐 생각을 하면 정말 신나!
3. 나는 오늘 학교가 끝나고 나서 피아노 ㅎ ㅇ 을 가야 해.
4. 그 누나는 키도 크고 어른스러워서 ㅊ ㄷ ㅎ ㅅ 인 줄은 꿈에도 몰랐어.

- **博學多識(박학다식)**
학식이 넓고 아는 것이 많은 사람에게 쓰는 표현이에요. 널리 배우고 많이 안다는 뜻이지요.
우리 아빠는 정말 **박학다식**하시다.

3 先 먼저 선

```
            선두
             |
 급선무 ——— 先 ——— 선진국
             먼저 선
 선례 ——————————— 우선
             |
           선천적
```

- **선두** 대열이나 행렬 또는 어떤 활동의 맨 앞
- **선진국** 다른 나라보다 정치나 경제, 문화 등의 발전이 앞선 나라
- **우선** 어떤 일에 앞서서 먼저
- **선천적** 태어날 때부터 지니고 있는 것
- **선례** 이전부터 있던 사례
- **급선무** 무엇보다도 먼저 서둘러 해야 할 일

- **선생님**
  학교에서 학생들을 지도해 주시는 분들을 '선생님'이라고 해요. 비슷한 말로는 '스승'이 있어요.

- **선배**
  내가 다니는(혹은 다녔던) 출신 학교에 먼저 입학한 사람을 '선배'라고 해요. 또한 같은 분야에서 지위나 나이 등이 많거나 앞선 사람을 뜻하기도 해요.

- **선착순**
  먼저 와 닿는 차례를 '선착순'이라고 해요. 선생님께서 '선착순으로 줄 서세요!'라고 말씀하신다면 도착한 순서대로 줄을 서라는 뜻이니 얼른 가야겠지요?

1. 수진이가 넘어져서 피가 나고 있어. 당장 보건실에 가는 것이 ㄱ ㅅ ㅁ 야!

2. 내 동생은 ㅅ ㅊ ㅈ 으로 몸이 약해서 부모님이 늘 걱정을 하셔.

3. 우리나라는 이제 세계 10위 안에 드는 ㅅ ㅈ ㄱ 이라고 할 수 있어.

4. 졸업식에서 후배들이 선배들을 위해 공연을 하는 ㅅ ㄹ 가 있어.

어휘 확장하기

- **率先垂範(솔선수범)**
  남보다 앞장서서 행동하여 몸소 다른 사람의 본보기가 되는 태도를 말해요.
  언니인 내가 **솔선수범**해야 동생들도 바른 태도를 보고 배울 것이다.

- **선생님 똥은 개도 안 먹는다**
  선생님은 아이들을 가르치느라 속이 새까맣게 타서 똥강아지들도 선생님 똥은 거들떠보지 않는다는 뜻으로, 선생님 노릇하기가 무척 어렵고 힘이 든다는 뜻이에요.

정답 1. 공산품 2. 선천적 3. 선진국 4. 선례

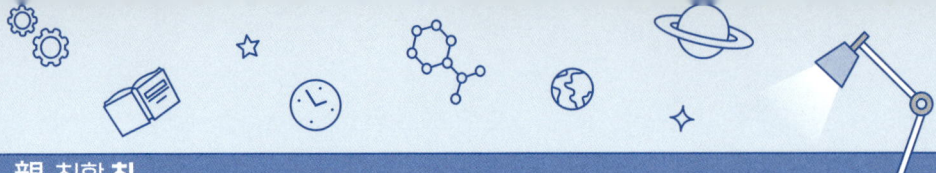

4 親 친할 친

- 친척
- 외가
- 친절
- 親 친할 친
- 친가
- 친목
- 양친
- 선친

- **친척** 자기의 혈족이나 혼인 관계를 통해 혈연적으로 관계가 있는 사람들
- **친절** 대하는 태도가 매우 친근하고 다정함. 또는 그러한 태도
- **친목** 서로 맺은 관계가 친밀하여 잘 어우러지고 정다움
- **선친** 남에게 돌아가신 자기의 아버지를 이르는 말
- **양친** 아버지와 어머니를 아울러 이르는 말
- **친가** 아버지의 일가
- **외가** 어머니의 일가

어휘 살펴보기

• **친구**
가깝게 오래 사귄 사람을 뜻해요. 비슷한 말로 '벗'이나 '동무'가 있어요. 요즘에는 나와 가장 친한 친구를 일컬어 '절친'이라고도 하지요.

어휘 적용하기

1. 이번 주 토요일은 할아버지 생신이셔서 친가 [ㅊ][ㅊ]들이 모두 모이기로 했어.
2. 우리 학교 앞 문구점 아주머니는 참 [ㅊ][ㅈ]하셔.
3. 이번 소풍은 우리 반 친구들과 [ㅊ][ㅁ]을 다질 수 있는 기회가 될 거야!

어휘 확장하기

• **一家親戚(일가친척)**
친척이 되는 모든 사람들을 '일가친척'이라고 해요. 할머니, 할아버지, 이모, 고모, 삼촌 등 혼인과 혈연을 기초로 가족이 되는 모든 관계들을 뜻하지요. 명절이 되면 일가친척들이 모두 함께 모여요.

• **父子有親(부자유친)**
부모와 자식 간에는 친함이 있어야 한다는 뜻으로, 부모는 자식에게 인자하고 자녀는 부모에게 존경과 섬김을 다하라는 말이에요. 이 말은 옛 우리 선조가 사람이라면 반드시 배워서 지켜야 할 생활 규범과 어른을 공경하는 법 등을 구체적이고 상세하게 가르치는 생활 철학의 글을 모아 놓은 『사자 소학』에서 나왔어요.

• **친구 따라 강남 간다**
친구가 하는 것에 이끌려 덩달아서 하게 되는 것을 이르는 말이에요.

• **친구는 옛 친구가 좋고 옷은 새 옷이 좋다.**
친구는 오래 사귄 친구일수록 우정이 깊어서 좋다는 뜻이에요.

정답 1. 친척 2. 친절 3. 친목

5 兄 형 형

- 형제
- 의형제
- 이복형제
- 동복형제
- 종형제
- 형제국

兄 형 형

- **형제** 형과 아우를 뜻하는 말로 보통 같은 부모님에게서 태어난 형과 아우를 이르는 말
- **의형제** 부모님은 다르지만 사이가 무척 좋아 의로 맺어진 형제
- **이복형제** 아버지는 같으나 어머니가 다른 형제
- **동복형제** 어머니는 같고 아버지가 다른 형제
- **종형제** 사촌 관계에 있는 형과 아우
- **형제국** 서로 우호적인 관계 속에 아주 친밀하고 가깝게 지내는 나라

- **가족 관계**

  우리나라는 친족 관계를 나타내는 호칭이 발달되었어요. 가족 관계를 나타내는 다양한 표현 중 내 형제자매의 배우자를 부르는 호칭은 다음과 같아요. 손윗사람에게는 '형 형(兄)' 자가 손아랫사람에게는 '아우 제(弟)'가 들어간답니다.

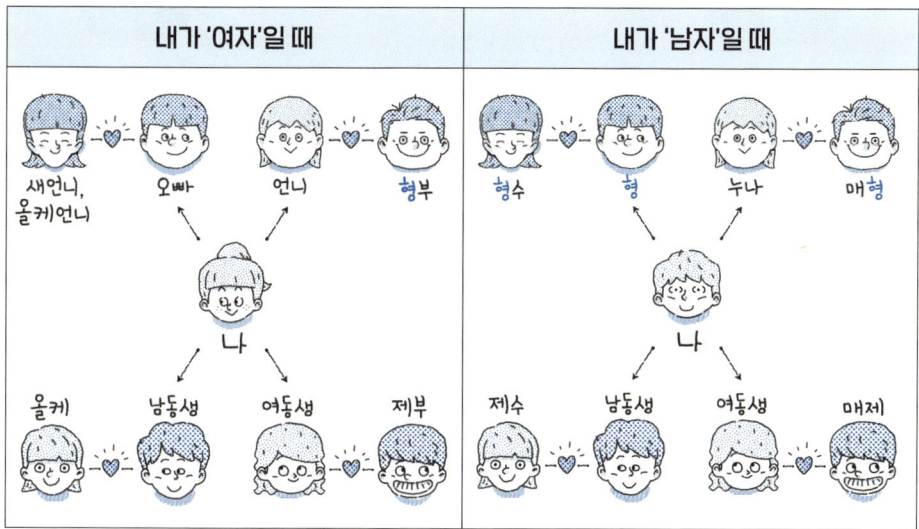

어휘 확장하기

- **難兄難弟(난형난제)**

  누구를 형이라 하기도 어렵고 아우라 하기도 어렵다는 뜻으로, 서로 비슷비슷하여 우열을 가리기 어려울 때 쓰는 표현이에요.

- **呼兄呼弟(호형호제)**

  서로 형이니 아우니 하고 부른다는 뜻으로, 매우 가까운 사이로 지낼 때 쓰는 표현이에요.

- **형만 한 아우 없다.**

  모든 일에 있어 아우가 형을 따라가지 못한다는 말로, 형을 추켜세워 줄 때 주로 쓰여요.

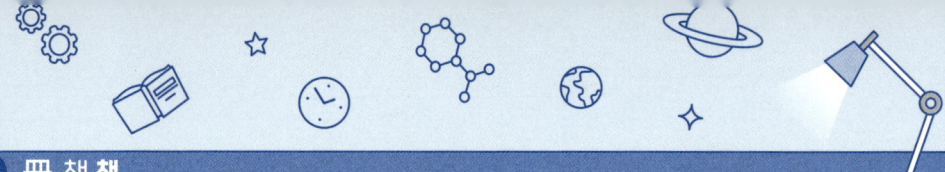

6 冊 책 책

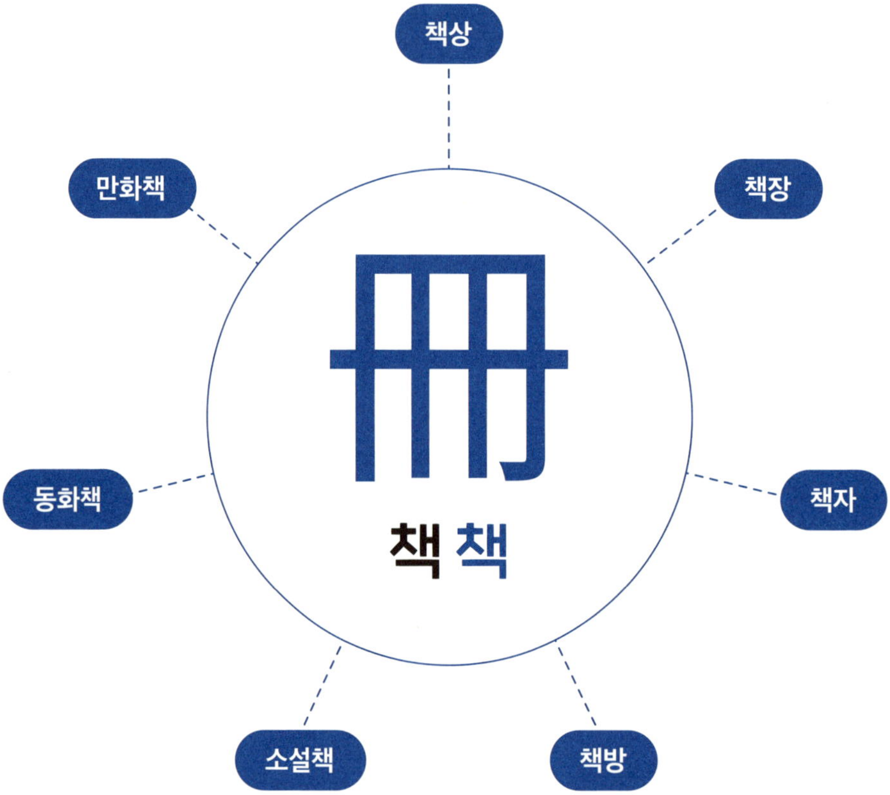

- 책상 글을 읽거나 쓸 때에 이용하기 위한 상
- 책장 책을 넣어 두는 가구
- 책자 어떤 생각을 글이나 그림으로 나타낸 종이를 묶어 꿰맨 물건
- 책방 책을 팔거나 사는 가게
- 소설책 작가의 상상력에 바탕을 두고 이야기를 꾸며 쓴 책
- 동화책 어린이를 위하여 동심을 바탕으로 지은 이야기
- 만화책 만화를 그려 엮어 만든 책

어휘 살펴보기

- **책**
  책은 일정한 목적에 맞는 글이나 그림으로 표현하여 묶어 놓은 것들을 말해요. 학교에서 사용하는 과목별 교과서도 책이라고 할 수 있어요. 우리는 소설책, 동화책, 만화책 등 다양한 책을 통해 많은 지식을 얻을 수 있어요.

- **공책**
  무엇을 쓰거나 그릴 수 있도록 매어 놓은 종이 묶음을 말해요. 공책에는 그 종류가 다양해요. 종합장, 일기장, 알림장, 줄 공책, 영어 공책 등 사용 목적에 맞는 걸 골라 사용하는 것이 좋아요.

어휘 적용하기

1. 나는 동생 방 ㅊ ㅈ 에 꽂혀 있는 그림책을 재미있게 읽었다.
2. 우리 반 선생님께서는 우리가 쓴 글을 모아 작은 ㅊ ㅈ 로 만들어 주셨어.
3. 주말마다 부모님과 ㅊ ㅂ 에 가서 새 책을 한 권씩 산다.
4. 「해리포터」 시리즈는 내가 가장 좋아하는 ㅅ ㅅ ㅊ 이야.

여기서 잠깐, 상식 노트

- **하루라도 책을 읽지 않으면 입안에 가시가 돋는다**
  일제 강점기에 이토 히로부미를 사살한 독립운동가 안중근 선생님께서는 하루라도 책을 읽지 않으면 입안에 가시가 돋는다고 말씀하셨어요. 책을 읽는 것이 그만큼 중요한 일이라는 뜻이지요.

7 書 글 서

- **교과서** 초등학교, 중학교, 고등학교에서 정규 과목의 주된 교재로 쓰는 책
- **서류** 글자로 기록한 문서를 통틀어 이르는 말
- **서적** 글이나 그림 등을 적거나 인쇄한 종이를 여러 장 겹쳐 엮은 물건
- **각서** 어떤 일에 대한 의견이나 약속을 상대편에 전달하거나, 서로 확인하고 기억하기 위하여 적어 두는 문서
- **보고서** 보고하는 내용을 적은 글이나 문서
- **유서** 죽음에 이르러 남긴 말을 쓴 글

어휘 살펴보기

- **도서관**
온갖 출판물이나 기록물 들을 모아서 보관해 두고, 사람들이 이용할 수 있도록 한 시설을 '도서관'이라고 해요. 학교에 있는 도서관을 활용하면 많은 책을 읽을 수 있어요.

- **서당**
서당이 언제부터 시작됐는지는 알 수 없지만, 면·동·이(리)의 행정 구역별로 나뉘는 마을마다 살고 있는 귀족을 비롯한 백성의 아이들이 지금의 초등학교, 중학교, 고등학교 교육을 받을 수 있었던 교육 기관이에요. 보통 「천자문」을 배우고, 이미 배운 글을 소리 높여 읽고 그 뜻을 묻고 질문하는 식으로 공부했어요. 요즘으로 치면 토론 수업 같은 형식으로 수업이 진행됐지요.

어휘 적용하기

1. 나는 놀이공원에 다녀와서 열심히 공부하겠다는 ㄱ ㅅ 까지 썼어.
2. 그 군인은 ㅇ ㅅ 까지 쓰고 비장한 각오로 전쟁에 참가했어.
3. 가정 체험 학습을 신청하려면 어떤 ㅅ ㄹ 를 제출해야 하나요?
4. 우리 반은 강낭콩을 키우며 강낭콩의 변화를 ㅂ ㄱ ㅅ 로 만들어 볼 거야.

어휘 확장하기

- **大書特筆(대서특필)**
특별히 두드러지게 보이도록 글자를 크게 쓴다는 뜻으로, 신문에서 어떤 사건을 특별히 중요한 기사로 알리는 일을 말해요.

- **서당 개 3년이면 풍월을 읊는다.**
가까이에서 일어나는 일을 보고 배우게 된다는 뜻으로, 주변 환경에 따라 사람이 달라질 수 있다는 것을 이르는 말이에요.

정답 1. 각서 2. 유서 3. 서류 4. 보고서

8 食 먹을 식, 밥 식

- **곡식** 식량으로 쓰이는 쌀, 보리, 콩, 밀, 조와 같은 것들을 통틀어 이르는 말
- **식당** 음식 따위를 만들어 파는 가게
- **식욕** 음식을 먹고 싶어 하는 욕구
- **식량난** 식량이 모자라서 생기는 어려움
- **과식** 음식을 지나치게 많이 먹는 것
- **식구** 같은 집에서 살며 끼니를 함께하는 사람

어휘 살펴보기

- **급식실**
  학교나 회사, 군대 등에서 구성원들이 단체로 모여 식사하는 곳을 '급식실'이라고 해요. 간혹 급식실이 없는 학교에서는 음식을 교실로 가지고 와 배식해서 먹기도 해요. 음식 중에는 뜨겁거나 국물이 있는 것들이 있어 위험한 상황이 생길 수 있으니, 급식실에는 식사 예절을 꼭 지켜야 해요.

- **식단표**
  일정한 기간 동안 먹을 음식의 종류와 순서를 계획하여 짠 표를 '식단표'라고 해요. 학교에서 미리 알려 주는 식단표를 통해 반찬의 종류와 알레르기 정보 등을 알 수 있어요.

어휘 적용하기

1. 식욕 •   • ① 아직도 아프리카에서는 (   )을 겪는 사람들이 많대.
2. 과식 •   • ② 감기가 걸린 후로 아무것도 먹고 싶지 않고 (   )이 없어.
3. 식량난 •   • ③ 배가 고파서 허겁지겁 먹었더니 (   )을 했나 봐.

어휘 확장하기

- **無爲徒食(무위도식)**
  아무 하는 일 없이 먹기만 하는 것을 뜻하는 말로, 하는 일 없이 놀고먹는 게으른 태도를 말해요. 능력 없이 소비만 하는 사람을 비꼬아 말할 때 많이 쓰는 표현이에요.

- **好衣好食(호의호식)**
  좋은 옷을 입고 좋은 음식을 먹는 것을 뜻하는 말로, 풍요롭게 살아가는 모습을 말해요. 남부러울 것 없이 호화롭게 살아가는 형편을 뜻하지요.

정답 1.② 2.③ 3.①

9 手 손 수

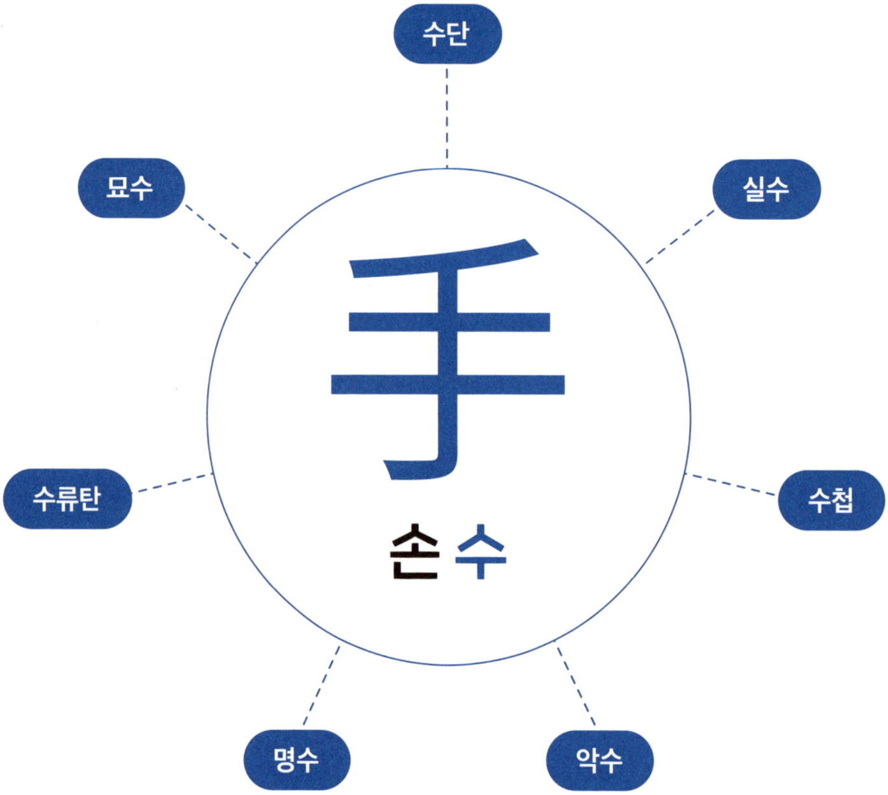

- 수단
- 실수
- 수첩
- 악수
- 명수
- 수류탄
- 묘수

手 손 수

- **수단** 목적하는 바를 이루기 위한 방법
- **실수** 부주의하여 잘못을 저지름
- **수첩** 몸에 지니고 다니며 간단한 기록을 할 수 있게 만든 조그마한 공책
- **악수** 인사, 화해, 감사 따위의 뜻을 나타내기 위하여 두 사람이 각자 한 손을 내밀어 마주 잡음
- **명수** 훌륭한 소질이나 솜씨를 갖춘 사람
- **수류탄** 손으로 던져 폭파하는 소형 폭탄
- **묘수** 누구나 생각할 수 없는 절묘한 수

어휘 살펴보기

- **공수**
절을 하거나 웃어른을 모실 때, 두 손을 앞으로 모아 포개어 잡는 자세를 '공수'라고 해요. 또 학교에서 선생님을 만났을 때, 마을에서 어른들을 만났을 때에는 공수 자세로 인사를 드리는 것이 바른 자세예요.

어휘 적용하기

1. 요즘은 교통 ㅅ ㄷ 이 발달해서 서울에서 부산까지도 당일로 여행을 갈 수 있어.
2. 모두 다 해결할 수 없는 문제라고 포기했을 때, 지은이가 ㅁ ㅅ 를 떠올렸어.
3. 우리 삼촌은 바둑을 정말 잘 두는 바둑의 ㅁ ㅅ 이다.

어휘 확장하기

- **束手無策(속수무책)**
손을 묶은 것처럼 어찌할 도리나 방책이 없어 꼼짝 못 함을 뜻하는 표현이에요.
워낙 갑자기 일어난 일이라 **속수무책**으로 당하고 말았다.

10 朝 아침 조

朝
아침 조

- 조석
- 조간신문
- 조찬
- 조조할인
- 조식

- **조석** 아침과 저녁을 모두 아우르는 말
- **조찬** 손님을 초대하여 함께 먹는 아침 식사
- **조식** 아침 끼니로 먹는 밥
- **조조할인** 극장에서 오전에 입장하는 사람들에게 입장 요금을 깎아 줌
- **조간신문** 아침에 발행하는 일간 신문

어휘 살펴보기

• **조회**
학교나 회사에서 아침에 모든 구성원이 모이는 것을 '조회'라고 해요. 보통 학교에서는 한 달에 한 번이나 일주일에 한 번, 조회를 통해 학교의 소식과 교장 선생님의 말씀을 듣지요. 또 학교의 이름을 빛낸 학생들이 상을 받기도 해요.

어휘 적용하기

1. 아침 일찍 영화관에 가면 ㅈ ㅈ ㅎ ㅇ 으로 저렴하게 영화를 볼 수 있어.
2. 우리 아빠는 아침마다 발행하는 ㅈ ㄱ ㅅ ㅁ 을 꼭 읽으셔.
3. 가족여행에서 호텔에 갔는데 다음 날 ㅈ ㅅ 이 정말 맛있었어.
4. 우리 학교는 한 달에 한 번 ㅈ ㅎ 를 해.

어휘 확장하기

• **朝三暮四(조삼모사)**
교활한 꾀로 다른 사람을 속이고 골려 먹는 걸 뜻하는 말로, 송나라 저공의 일화에서 유래했어요. 송나라에 원숭이를 키우는 저공이라는 인물이 있었어요. 그는 원숭이들을 모아 놓고 앞으로 먹이를 아침에는 3개, 저녁에는 4개씩 주겠다고 했어요. 그랬더니 원숭이들이 모두 불같이 화를 냈어요. 이에 저공은 아침에 4개, 저녁에 3개씩 주겠다고 말했지요. 그러자 원숭이들이 좋다며 환호성을 질렀어요. 결국 7개씩 먹는 것은 똑같은데 눈앞에 보이는 차이만 보고 좋아하는 원숭이처럼 어리석은 상황을 비유할 때 '조삼모사'라고 말해요.

정답 | 1. 조조할인 2. 조간신문 3. 조식 4. 조회

11 動 움직일 동

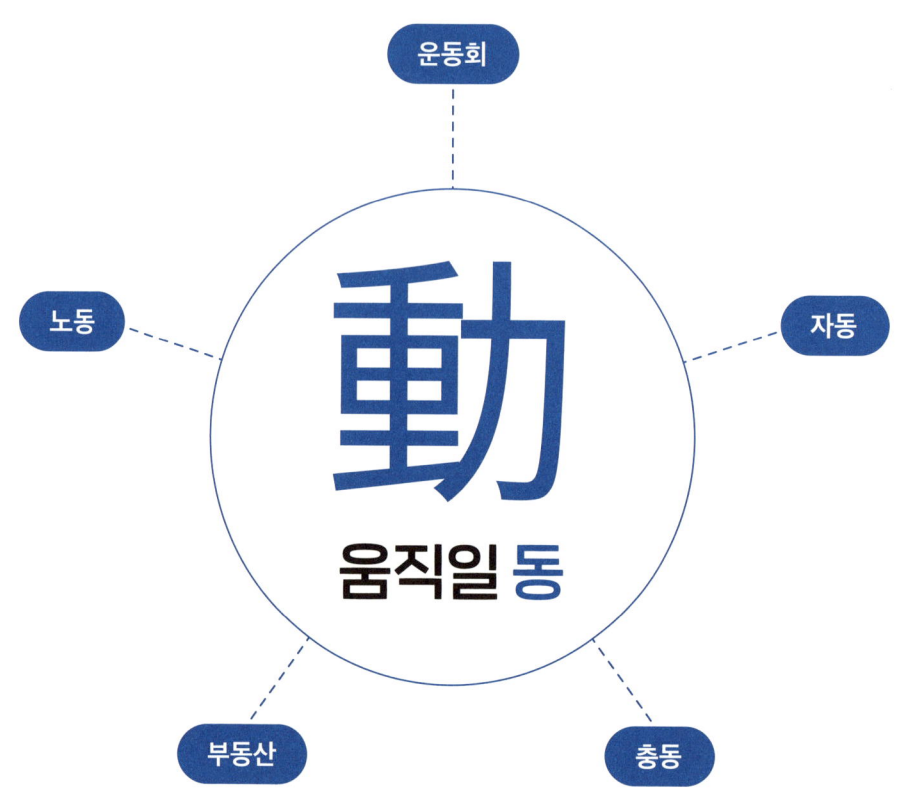

- **운동회** 여러 사람이 모여 여러 가지 운동 경기를 하는 모임
- **자동** 기계나 장치 따위가 사람이 일일이 조작하지 않아도 일정한 방식에 따라 스스로 움직임
- **충동** 반성이나 억제 없이 발작적으로 행동하려는 마음의 움직임
- **부동산** 토지나 건물과 같이 움직여 옮길 수 없는 재산
- **노동** 몸을 움직여 일을 함

어휘 살펴보기

- **운동장**
학교 가운데에 체육 활동이나 놀이 활동을 할 수 있는 넓은 마당을 '운동장'이라고 해요.

어휘 적용하기

1. 노동 •   • ① 우리 반 준혁이는 (   )에서 우리 반 대표로 달리기를 했다.
2. 충동 •   • ② 내 컴퓨터는 일정 시간 사용을 하지 않으면 (   )으로 꺼진다.
3. 자동 •   • ③ 엄마 몰래 게임을 하고 싶은 (   )을 느낀다.
4. 운동회 •   • ④ 땀 흘려 일한 (   )의 대가로 월급을 받는다.

어휘 확장하기

- **行動擧止(행동거지)**
몸을 움직여 하는 모든 짓을 의미해요.
그 사람은 자꾸만 뒤를 돌아보고 힐끔거리는 **행동거지**가 무척 수상했다.

- **천동설과 지동설**
천동설은 지구가 우주의 중심이며, 다른 모든 행성이 지구 주위를 돌고 있다는 우주관이에요. 지동설은 지구가 자전하면서 다른 행성과 마찬가지로 태양 주위를 공전한다는 우주관을 말하지요. 지금은 과학이 발달하여 지동설이 맞다는 것을 알고 있지만 과거에 많은 사람들이 천동설을 믿었어요.

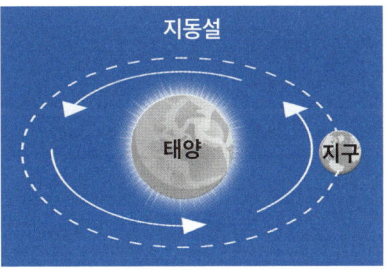

12 同 한가지 동

- 공동
- 동포
- 동맹
- 공동체
- 동창
- 동호회

同 한가지 동

- **공동** 둘 이상의 사람이나 단체가 힘을 합하여 일을 같이 함
- **동포** 같은 나라 또는 같은 민족의 사람을 다정하게 이르는 말
- **동맹** 두 나라 이상이 일정한 조건으로 서로 원조를 약속하는 일시적 결합
- **공동체** 운명이나 생활, 목적 등을 같이하는 두 사람 이상의 조직체
- **동창** 같은 학교나 스승에게서 함께 공부하거나 배움
- **동호회** 같은 취미를 가지고 함께 정보 따위를 나누면서 즐기는 사람들의 모임

어휘 살펴보기

- **협동**
서로 마음과 힘을 하나로 합하는 것을 '협동'이라고 해요. 학교생활을 하다 보면 친구와 협동해야 할 일들이 많아요. 서로 돕고 배려하는 마음을 가지는 것이 올바른 태도일 거예요.

- **동의**
의사나 의견을 같이하는 것을 '동의'라고 해요. 학급 규칙을 정할 때에는 같은 반 친구들의 동의를 얻어야 해요.

어휘 적용하기

1. 우리 엄마와 재경이네 엄마는 같은 초등학교를 졸업한 ㄷ ㅊ 이야.
2. 신라는 삼국을 통일하기 위해 당나라와 ㄷ ㅁ 을 맺었어.
3. 그 크레파스는 우리 반 전체가 ㄱ ㄷ 으로 사용하고 있어.
4. 아빠는 저녁마다 배드민턴 ㄷ ㅎ ㅎ 에 가서 운동을 하셔.

어휘 확장하기

- **同苦同樂(동고동락)**
괴로움도 즐거움도 함께한다는 것을 의미해요.
테레사 수녀님은 평생 가난하고 병든 사람들과 **동고동락**하셨다.

- **表裏不同(표리부동)**
겉으로 드러나는 언행과 속으로 가지는 생각이 다른 것을 뜻해요.
겉으로는 순진한 척하더니 그렇게 많은 거짓말을 했다니, 정말 **표리부동**한 사람이로군!

정답 1. 동창 2. 동맹 3. 공동 4. 동호회

13 誠 정성 성

- **정성** 온갖 힘을 다하려는 진실되고 성실한 마음
- **성의** 진실되고 정성스러운 뜻
- **충성심** 임금이나 나라에 대해 마음속에서 우러나는 정성스러운 마음
- **무성의** 진실되고 정성스러운 뜻이 없음
- **치성** 하느님이나 부처 등 신적 대상에게 자기의 소원이 이루어지기를 바라며 정성을 다하여 빎

어휘 살펴보기

- **성실**
정성스럽고 참된 태도를 '성실'이라고 해요. 반대로 태도나 입 밖으로 내뱉는 말들이 정성스럽고 참되지 아니한 태도는 '불성실'이라고 하지요. 학교생활에서는 성실한 태도가 중요해요. 수업 시간에는 열심히 수업을 듣고, 나에게 주어진 역할을 책임감 있게 해내는 것은 성실하고 멋진 태도랍니다.

어휘 적용하기

1. 이순신 장군님은 나라에 대한 ㅊ ㅅ ㅅ 이 대단했던 것 같아.
2. 우리 할머니가 새해에는 절에 가서 ㅊ ㅅ 을 드려야 한다고 하셨어.
3. 모둠 활동에서 태하의 ㅁ ㅅ ㅇ 한 태도 때문에 화가 나.
4. 아빠는 엄마의 다리를 ㅈ ㅅ 껏 주물러 주셨어.

어휘 확장하기

- **誠心誠意(성심성의)**
성실하고 정성스러운 마음과 뜻을 말해요. 성심성의를 강조한 속담도 함께 알아볼까요?
  - ★ **구르는 돌에는 이끼가 끼지 않는다** 멈춰 있는 돌에는 이끼가 끼지만 구르는 돌에는 이끼가 낄 수 없어요. 끊임없이 노력하는 사람은 뒤처지지 않고 발전한다는 말이에요.
  - ★ **무쇠도 갈면 바늘이 된다** 단단하고 두꺼운 무쇠도 꾸준히 갈면 얇고 가느다란 바늘이 된다는 뜻으로, 꾸준히 노력하면 어떤 일도 이룰 수 있어요.
  - ★ **하늘은 스스로 돕는 자를 돕는다** 하늘은 스스로 노력하는 사람을 성공하게 만든다는 뜻이에요. 자기 자신이 먼저 노력을 해야 운도 따르겠지요?
  - ★ **티끌 모아 태산** 티끌같이 작은 것도 모이면 나중에 태산처럼 큰 것이 된다는 뜻이에요.
  - ★ **열 번 찍어 안 넘어가는 나무 없다** 아무리 큰 나무도 여러 번 찍으면 넘어가는 것처럼 안 될 것 같은 일도 계속 노력하다 보면 결국 이루게 된다는 뜻이에요.

정답 1. 충성심 2. 치성 3. 무성의 4. 정성

14 禮 예도 례(예)

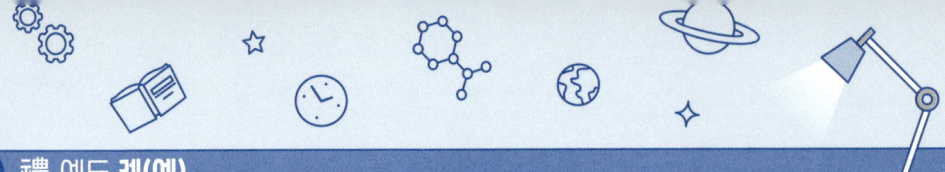

- **예의** 사회생활이나 사람 사이의 관계에서 존경의 뜻을 표하기 위해 예로써 나타내는 말투나 몸가짐
- **장례식** 죽은 사람을 땅에 묻거나 화장하는 장사를 지내는 의식
- **주례** 결혼식을 주재하여 진행함
- **세례** 종교 생활에 들어선 사람에게 모든 죄악을 씻는 표시로 베푸는 의식
- **경례** 경의나 공경을 표하는 뜻으로 고개를 숙이거나 오른손을 이마 또는 가슴에 대는 동작
- **예우** 예의를 다하여 정중히 대우함

- **예절**

  예의에 관한 모든 절차나 질서를 '예절'이라고 해요. 선생님과 친구들에게는 예절을 지켜 행동해야 해요. 교실이나 복도에서 뛰지 않고, 큰 소리로 말하지 않는 것도 학교에서 지켜야 할 예절이지요.

  특히, 학교에서 꼭 지켜야 할 대화 예절에 대해서 다음과 같이 생각해 볼까요?

  ★ 다른 사람이 말할 때 끼어들지 않는다.

  ★ 다른 사람이 하는 말을 끝까지 듣는다.

  ★ 적절히 반응하며 듣는다.

1. 엄마께서 ㅈ ㄹ ㅅ 에 갈 때에는 검은 옷을 입고 가야 한다고 하셨어.

2. 엘리베이터에서 인사를 잘했더니 ㅇ ㅇ 가 바르다는 칭찬을 들었어.

3. 우리 이모 결혼식에서 교회 목사님께서 ㅈ ㄹ 를 서셨어.

4. 옛날부터 선생님은 임금이나 아버지와 같은 존재로 ㅇ ㅇ 했대.

- **東方禮儀之國(동방예의지국)**

  옛날부터 우리나라 사람들은 예의를 중요하게 여겼어요. 그래서 다른 나라 사람들은 우리나라를 가리켜 '동쪽에 있는 예의를 잘 지키는 나라'라는 뜻으로 동방예의지국이라고 했지요.

정답 1. 장례식 2. 예의 3. 주례 4. 예우

15 習 익힐 습

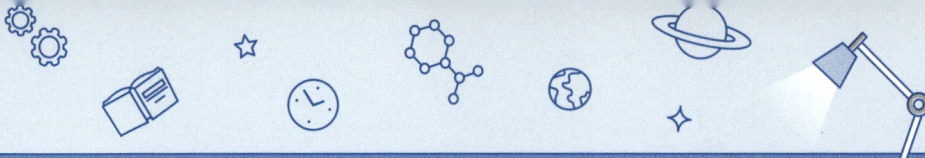

- 풍습
- 학습
- 습성
- 상습적
- 관습
- 실습

習 익힐 습

- **풍습** 풍속과 습관을 아울러 이르는 말
- **습성** 오랫동안 되풀이하여 몸에 익은 채로 굳어진 개인적 행동
- **관습** 한 사회에서 역사적으로 굳어진 전통적 행동 양식이나 습관
- **실습** 이론으로 배운 것을 실제로 직접 경험해 보면서 익힘
- **상습적** 좋지 않은 일을 하는 것이 버릇이 된 것
- **학습** 새로운 지식, 기술을 배워서 익히는 것, 또는 그 과정

어휘 살펴보기

• **연습**

기술이나 공부하는 과제가 익숙해지도록 되풀이하여 익히는 것을 '연습'이라고 해요. 처음에는 어려웠던 것도 꾸준한 연습을 하다 보면 쉽게 느껴지는 순간이 온답니다.

• **습관**

일정한 행동을 오랫동안 되풀이하다 보니 저절로 익혀진 행동 방식을 '습관'이라고 해요. 습관은 우리 삶에 큰 영향을 끼치고, 좋든 나쁘든 한 번 몸에 베면 쉽게 바꾸기가 어려워요. 따라서 처음부터 좋은 습관을 익히는 것이 중요하지요. 한 번 익숙해지거나 생각이 굳혀진 버릇은 여간해서 고쳐지지 않는다는 뜻을 지닌 속담에는 다음과 같은 것들이 있어요.

★ **세 살 버릇 여든까지 간다** 세 살 때 생긴 버릇을 여든 살이 되어서도 가지고 있다는 뜻으로 한 번 들인 버릇은 고치기 어렵다는 뜻이에요. 그래서 나쁜 버릇이 들지 않도록 노력해야 해요.

★ **제 버릇 개 못 준다** 사람의 본성은 변하지 않는다는 뜻으로, 사람의 습관이나 버릇을 고치기가 매우 어렵다는 것을 뜻해요.

★ **집 안에서 새는 바가지 밖에서도 샌다** 바가지는 박을 두 쪽으로 쪼개거나 나무나 플라스틱으로 그와 비슷하게 만들어 물이나 물건을 푸는 도구를 말해요. 구멍이 난 바가지에 물을 담으면 물이 새겠지요? 마찬가지로 잘못된 습관은 장소에 상관없이 어디에서든 드러나게 되어 있다는 뜻이에요.

★ **낙숫물은 떨어지던 데 또 떨어진다** 낙숫물이란 지붕 처마 끝에서 떨어지는 물을 말해요. 물이 맺혀 떨어지는 곳이 정해져 있는 것처럼 한 번 들인 버릇은 고치기 어렵고 계속 반복하게 된다는 뜻이에요.

어휘 적용하기

1. 실습 •
2. 풍습 •
3. 습성 •
4. 상습적 •

• ① 사회 시간에 여러 나라의 전통 의상과 (   )에 대해 배웠다.
• ② 도마뱀은 어둡고 좁은 곳으로 들어가려는 (   )이 있다.
• ③ 그 아이는 (   )으로 거짓말을 해서 신뢰를 잃었다.
• ④ 설명을 다 듣고 음식을 직접 만들어 보는 (   )을 했다.

정답 1.④ 2.① 3.② 4.③

16 規 법 규

- **규정** 규칙으로 정한 것
- **규율** 질서나 제도를 유지하기 위하여 정해 놓은 본보기
- **규제** 규칙이나 법령, 관습 따위로 일정한 한도를 정하여 그 이상을 넘지 못하도록 제한함
- **규범** 인간이 행동하거나 판단할 때에 마땅히 따르고 지켜야 할 판단의 기준
- **불규칙** 규칙에서 벗어남
- **비정규직** 근로 방식, 근로 시간, 고용의 지속성 등에서 정식으로 채용되지 않은 직업

- **규**칙

여러 사람이 다 같이 지키기로 한 법칙을 '규칙'이라고 해요. 특히 사람들이 많이 오가는 공공장소에서는 규칙을 잘 지켜야 해요. 규칙에 대한 명언 중에는 **'로마에 가면 로마법을 따르라'**는 말이 있어요. 이는 새로운 곳에 가면 평소 자기가 하던 대로 하려고 하지 말고, 그 집단의 규칙을 따라야 한다는 뜻이에요.

- **규**칙성

사물이나 현상이 어떠한 환경이나 조건에 따라 일정한 방식으로 변화하는 것을 '규칙성'이라고 말해요. 그렇다면 다음의 그림은 어떠한 규칙성을 가지고 있는지 이야기를 나눠 볼까요?

- 어떤 규칙이 있는지 찾아보세요.

어휘 적용하기

1. 잠자는 시간이 ㅂ ㄱ ㅊ 하면 건강에 좋지 않다.

2. 우리 조상들은 부모님께 효도하는 것을 중요한 사회적 ㄱ ㅂ 으로 여겼다.

3. ㅂ ㅈ ㄱ ㅈ 노동자들을 정규직 노동자와 차별해서는 안 된다.

4. 음주 운전에 대한 ㄱ ㅈ 를 강화해야 한다.

정답 1. 불규칙 2. 규범 3. 비정규직 4. 규제

17 長 어른 장, 길 장

- 성장
- 가장
- 연장
- 사장
- 장기적
- 장관

長 어른/길 장

- **성장** 사람이나 동식물이 자라서 몸무게가 늘거나 키가 점점 커짐
- **가장** 한 집안의 생계를 책임지고 꾸려 가는 사람
- **연장** 공간적 길이나 시간을 일정 기준보다 늘림
- **사장** 회사의 우두머리로 회사 업무의 최고 책임자
- **장기적** 오랜 기간에 걸치는 것
- **장관** 국무를 맡아보는 행정 각부의 가장 높은 직위에 있는 사람

- **교**장 선생님
  초등학교, 중학교, 고등학교 등 각 학교에서 교육과 관련된 업무를 총괄하고, 교직원을 감독하는 직책을 '교장'이라고 해요. 교장 선생님은 우리 학교를 대표하는 선생님이라고 할 수 있어요.

- **장**점
  어떤 대상에게 있어서 긍정적이거나 좋은 점을 '장점'이라고 해요. 자신의 '장점'을 말해 보라고 하면 내가 잘하는 것, 내가 가진 좋은 점을 이야기하면 된답니다.

1. 선생님께서는 우리가 1학기 때보다 몸도 마음도 ㅅ ㅈ 했다고 말씀하셨다.

2. 학생 교육은 ㅈ ㄱ ㅈ 인 계획을 가지고 실천해 나가야 하는 분야다.

어휘 확장하기

- **長幼有序(장유유서)**
  어른과 어린이 사이에는 질서가 있다는 뜻으로 유교의 도덕에서 인간이 지켜야 할 도리로 기본이 되는 세 가지 법도와 다섯 가지 인간관계를 '삼강오륜'이라고 해요. 장유유서를 비롯한 삼강오륜의 각 항목에 대해 알아보아요.

  ★**삼강**
  君爲臣綱(군위신강) 임금과 신하 사이에는 지켜야 할 도리가 있다.
  父爲子綱(부위자강) 부모와 자식 사이에는 지켜야 할 도리가 있다.
  夫爲婦綱(부위부강) 부부 사이에는 지켜야 할 도리가 있다.

  ★**오륜**
  父子有親(부자유친) 어버이와 자식 사이에는 친함이 있어야 한다.
  君臣有義(군신유의) 임금과 신하 사이에는 의로움이 있어야 한다.
  夫婦有別(부부유별) 부부 사이에는 도리를 다하며 서로에게 침범하지 않는다.
  長幼有序(장유유서) 어른과 아이 사이에는 차례와 질서가 있어야 한다.
  朋友有信(붕우유신) 친구 사이에는 믿음이 있어야 한다.

초급편

초급 편에서는 3학년 교육 과정에 주로 등장하는 한자를 소개합니다. 3학년은 사회, 과학 등으로 교과목이 세분화되는 첫 학년이에요. 초급 편의 어휘를 공부하다 보면 새로운 교과에서 처음 만나는 용어를 쉽게 이해할 수 있어요.

1 感 느낄 감

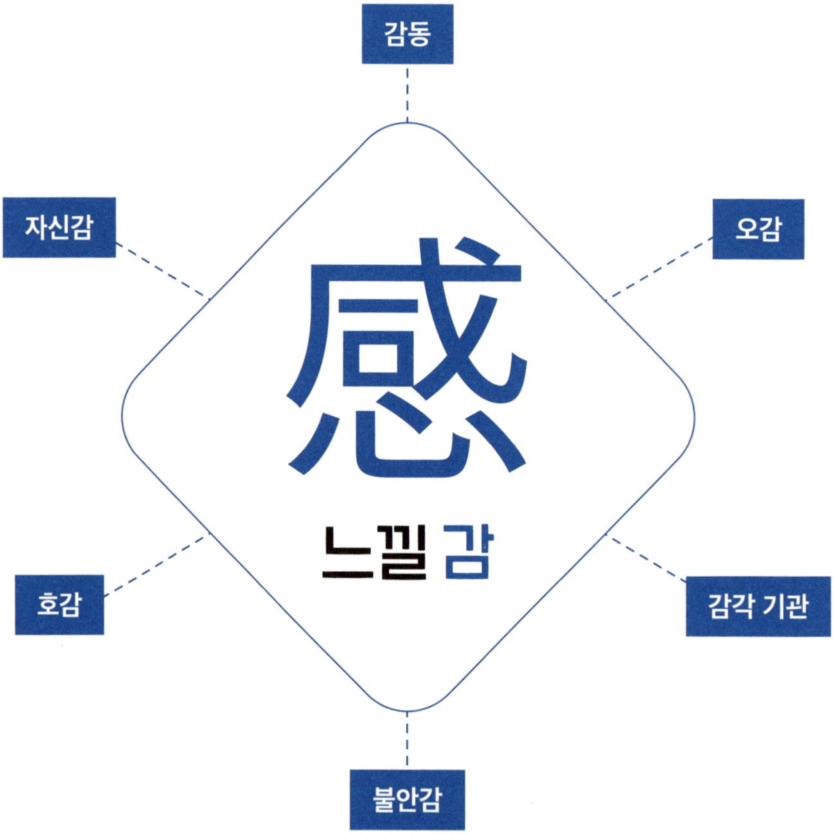

- 감동
- 자신감
- 오감
- 感 느낄 감
- 호감
- 감각 기관
- 불안감

- **감동** 크게 느끼어 마음이 움직임
- **오감** 시각, 청각, 후각, 미각, 촉각의 다섯 가지 감각
- **감각 기관** 몸에서 외부의 감각을 받아들여 뇌에 전달하는 기관으로 눈, 코, 입, 귀, 피부 등을 뜻함
- **불안감** 마음이 편하지 아니하고 조마조마한 느낌
- **호감** 좋게 여기는 감정
- **자신감** 자신이 있다는 느낌

- **감각적 표현** 3 국어

  눈으로 보고, 귀로 듣고, 입으로 맛보고, 코로 냄새 맡고, 손으로 만지는 것을 '오감'이라고 해요. 이렇게 오감으로 느끼는 듯이 생생하게 표현한 것을 '감각적 표현'이라고 하고요. '솜털같이 복슬복슬하다', '짭조름한 과자'와 같은 표현이 바로 감각적 표현이에요.

1. 역경을 극복하고 올림픽에서 메달을 딴 선수의 이야기는 많은 사람들에게 ㄱ ㄷ 을 주었다.
2. 공부에 대한 스트레스와 ㅂ ㅇ ㄱ 으로 식사를 제대로 하지 못했다.
3. 꽉 짜면 물이 나올 것 같은 구름, 거북이 등껍질처럼 꺼칠꺼칠한 손바닥과 같은 ㄱ ㄱ ㅈ ㅍ ㅎ 이 돋보이는 작품이다.
4. 이번 주 수업에서 본 영화에 큰 ㄱ ㄷ 을 받았다.

- **感慨無量(감개무량)**

  마음속에서 느끼는 감동이나 느낌이 끝이 없음을 나타내는 표현이에요.

  꼭 받고 싶었던 상을 받게 되어 **감개무량**합니다.

- **感之德之(감지덕지)**

  분에 넘치는 듯싶어 고맙게 여기는 모양을 말해요.

  달리기를 한 뒤에 서준이는 미지근한 물도 **감지덕지** 받아 마셨다.

2 文 글월 문

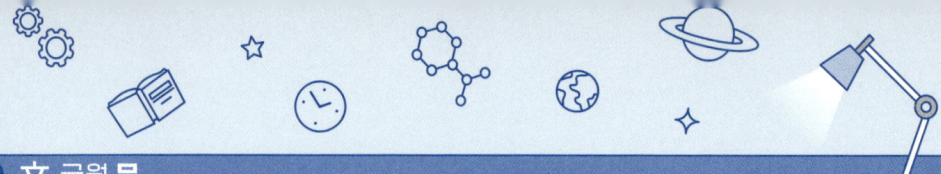

문학 / 문화 / 문맹 / 운문 / 선언문 / 산문

文 글월 문

- **문학** 사상이나 감정을 언어로 표현한 예술 또는 그런 작품. 시, 소설, 희곡, 수필, 평론 등을 뜻함
- **문맹** 배우지 못하여 글을 읽거나 쓸 줄 모름, 또는 그런 사람
- **선언문** 국가나 집단이 자기의 의견이나 주장을 표명한다는 내용을 적은 글
- **산문** 자유로운 문장으로 쓴 글로 소설, 수필 등을 말함
- **운문** 시의 형식으로 지은 글로 언어에 운율이 있는 글
- **문화** 인간의 의식주를 비롯하여 언어, 풍습, 종교, 학문, 예술, 제도 따위를 통틀어 이르는 말

어휘 살펴보기

- **문**단 3 국어

  문장이 몇 개 모여 한 가지 생각을 나타내는 것을 '문단'이라고 하고, 문단이 모여서 한 편의 글이 돼요. 문단 내용을 대표하는 문장을 중심 문장이라고 하고, 중심 문장을 덧붙여 설명하거나 예를 들어 도와주는 문장을 뒷받침 문장이라고 합니다.

- **문**화유산 4 사회

  '문화유산'은 예로부터 전해 내려오는 것 중 다음 세대에 전해져야 할 가치가 있는 것을 말해요. 문화유산에는 문화재, 고인돌과 같이 형태가 있는 유형 문화유산과 전통 음악이나 기술 같은 무형 문화유산이 있어요. 문화유산에는 그 나라의 소중한 역사가 담겨 있답니다.

어휘 적용하기

1. 하나의 □ㄷ 은 하나의 주제만을 담고 있는 것이 좋다.
2. 우리의 □ㅎㅇㅅ 에는 우리 겨레의 삶과 지혜가 담겨 있다.
3. 주시경 선생님은 한글을 보급하고 □ㅁ 을 퇴치하는 데 힘을 쏟으셨다.
4. 1919년 3월 1일, 민족 대표 33인은 ㄷㄹㅅㅇㅁ 을 낭독하였다.

어휘 확장하기

- **名文大作(명문대작)**

  훌륭한 글로 지은 방대한 문학 작품을 말해요.

- **文房四友(문방사우)**

  학문에 열중하는 선비가 늘 다루는 4가지 문방구를 뜻하는 말로, 종이와 붓, 먹과 벼루의 네 가지 문방구를 가리켜요.

정답 1. 문단 2. 문화유산 3. 문맹 4. 독립 선언문

3 作 지을 **작**

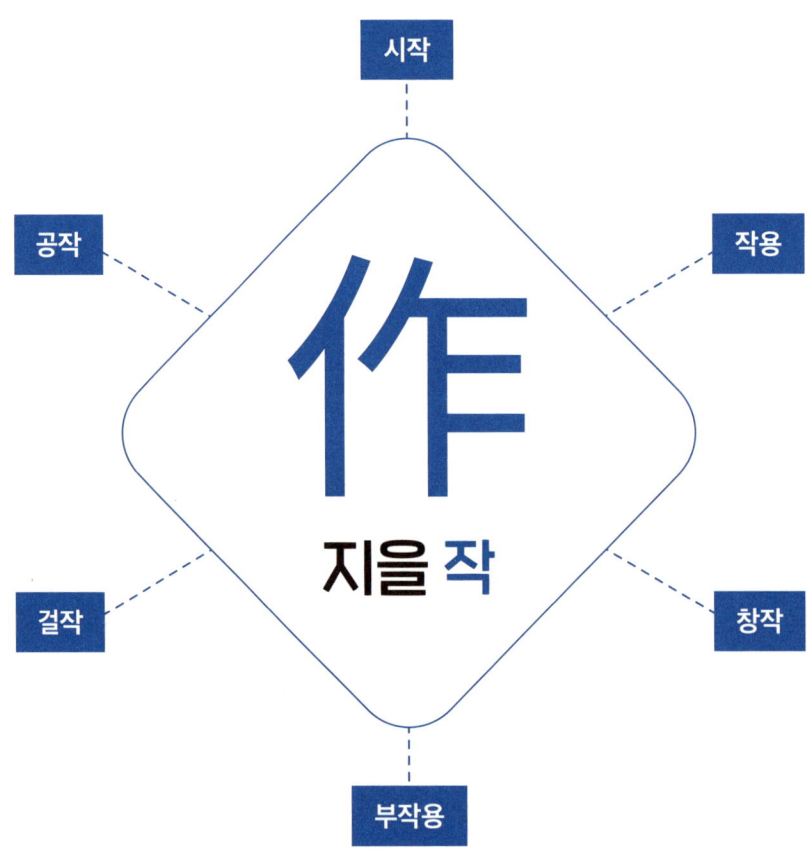

- **시작** 어떤 일이나 행위를 처음으로 함
- **작용** 어떤 현상이나 운동을 일으킴
- **창작** 예술 작품을 독창적으로 짓거나 표현함
- **부작용** 어떤 일에 부수적으로 일어나는 바람직하지 못한 작용
- **걸작** 매우 뛰어나게 잘된 작품
- **공작** 물건을 만들거나, 어떤 목적을 위하여 미리 일을 꾸밈

- **작품** 3 국어

'작품'이란 만든 물품이라는 뜻으로 창작 활동으로 얻는 제작물을 말해요. 우리가 국어 시간에 쓴 글이나 미술 시간에 만든 그림, 혹은 만들기도 작품이라고 할 수 있어요. 각각의 작품에는 작품을 만든 사람인 '저작권자'가 있고, 저작권자는 작품의 권리를 뜻하는 '저작권'을 소유해요.

- **작용 반작용** 6 과학

뉴턴의 세 가지 운동 법칙 중에 하나로 모든 작용력에 대해 항상 방향이 반대이고 크기가 같은 반작용 힘이 따른다는 법칙을 말해요. 그림에서처럼 물 로켓이 뒤로 물을 뿜어내는 힘으로 로켓이 앞으로 날아가는 것은 작용 반작용의 법칙을 잘 보여 줘요.

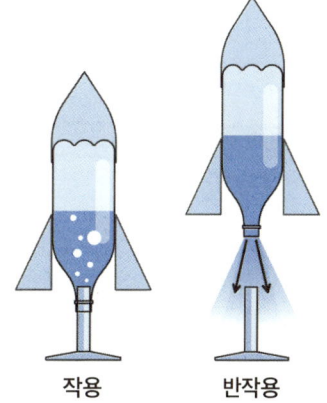

작용   반작용

어휘 적용하기

1. 허브 오일은 살균 ㅈ ㅇ 을 한다고 알려져 있다.
2. 체육 시간에 음악에 맞는 춤을 ㅊ ㅈ 해 보는 활동을 했다.
3. 선생님께서 내가 쓴 동시가 ㄱ ㅈ 이라고 칭찬해 주셨다.
4. 감기약의 ㅂ ㅈ ㅇ 으로 졸음이 쏟아졌다.

어휘 확장하기

- **作心三日(작심삼일)**

단단히 먹은 마음이 사흘(3일)을 가지 못한다는 뜻으로, 결심이 굳지 못함을 이르는 말이에요. 새해가 되면 많은 사람들이 나름의 목표를 세우고 확고한 결심을 하지요. 그런데 그 결심이 오래가지 못하는 경우가 많아요. 이럴 때 '작심삼일'이라는 표현을 써요.

4 童 아이 동

- **동요** 어린아이들이 부르는 노래
- **동심** 어린아이의 마음
- **목동** 가축에게 풀을 먹이며 돌보는 아이
- **아동** 나이가 적은 어린아이, 아동 복지법에 따르면 18세 미만의 사람을 이름
- **구연동화** 말로 재미있고 실감나게 들려주는 동화

어휘 살펴보기

• **동시** 3, 4 국어

어린이를 독자로 예상하고 어린이의 정서를 담은 시를 '동시'라고 해요. 동시를 읊을 때에는 다음의 요소를 떠올려 보면, 동시를 보다 생생하게 감상할 수 있어요.

★ 동시에 나오는 장면을 떠올려 본다.
★ 내가 시에 나오는 인물이라면 어떨지 생각해 본다.
★ 동시에 나오는 상황과 비슷한 나의 경험을 비교해 본다.

어휘 적용하기

1. 채은이는 노래를 잘해서 ㄷ ㅇ 대회에서 큰 상을 탔어.
2. 운동회를 하니 어른들도 모처럼 ㄷ ㅅ 으로 돌아간 것 같다고 하셨어.
3. 오늘은 학교에서 아주 재미있는 ㄱ ㅇ ㄷ ㅎ 를 들었어.
4. 우리같이 성장기에 있는 ㅇ ㄷ 들은 건강한 식사를 해야 한대.

어휘 확장하기

• **三尺童子(삼척동자)**

키가 석 자(약 90센티미터)밖에 되지 않는 어린아이를 뜻하는 말로 '철없는 어린아이'를 가리킬 때 쓰는 말이에요.

여기서 잠깐, 상식 노트

• **UN 아동 권리 협약**

1989년 유엔에서 채택된 만 18세 미만 아동의 권리를 담은 국제적 약속이에요. 전 세계 모든 아동이 누려야 할 권리를 명시한 최초의 국제적 협약이지요. 이 협약에서는 아동을 부모의 소유나 단순히 보호해야 할 대상이 아닌 존엄성을 가진 권리의 주체로 인정하고 있어요.

정답: 1. 동요 2. 동심 3. 구연동화 4. 아동

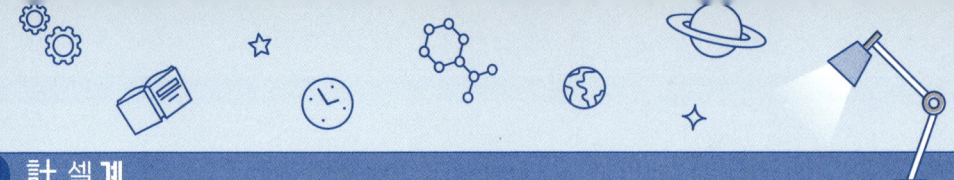

5 計 셀 계

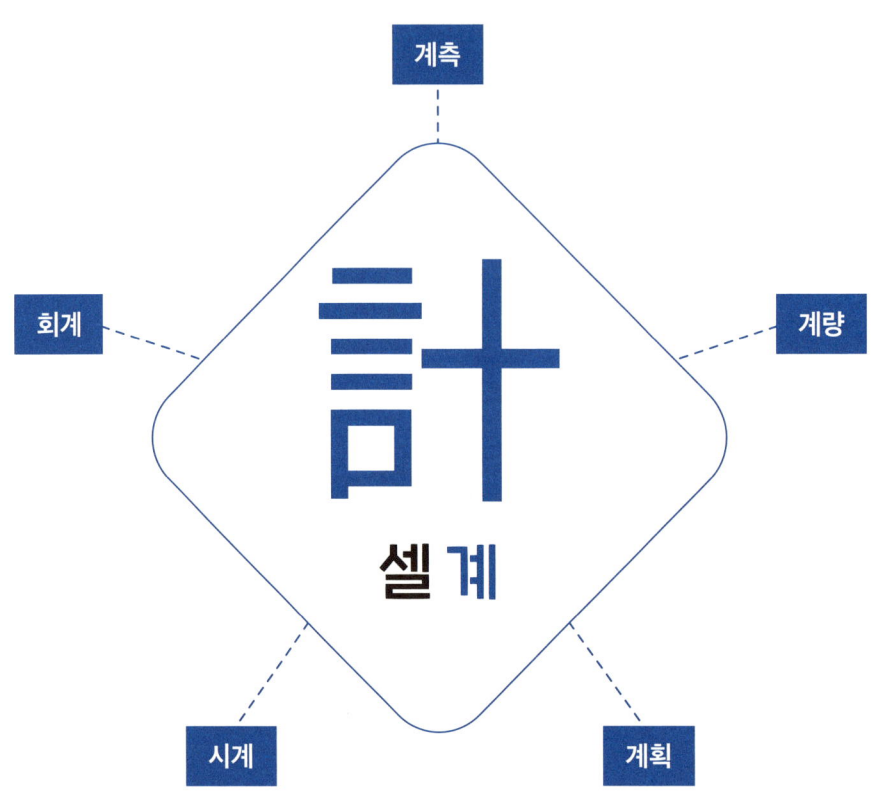

- **계측** 무게나 길이, 부피, 속도, 압력, 온도를 기계나 기구로 재어 측정함
- **계량** 분량이나 무게를 재서 알아냄
- **계획** 앞으로 해야 할 일의 구체적인 절차나 방법, 규모 따위를 미리 헤아려 작정함
- **시계** 시각을 나타내거나 시간을 재는 기계를 통틀어 이르는 말
- **회계** 나가고 들어오는 돈을 따져서 셈을 함

어휘 살펴보기

• **계산** 3, 5 수학

덧셈, 뺄셈, 곱셈, 나눗셈과 같이 수를 헤아리는 것을 '계산'이라고 해요. 덧셈, 뺄셈, 곱셈, 나눗셈이 섞여 있는 식에서는 곱셈과 나눗셈을 먼저 계산해야 해요.

$$72 \div 3 - 2 + 3 \times 2 = 28$$

단, 괄호가 있는 식에서는 괄호 안의 식을 먼저 계산해야 합니다.

$$72 \div 3 - (2+3) \times 2 = 14$$

어휘 적용하기

1. 계량 •   • ① 라면을 끓일 때 물의 양을 정확히 (　　)해야 맛있어.
2. 시계 •   • ② 내일 아침 일찍 학교에 가서 축구를 할 (　　)이야.
3. 계획 •   • ③ 배가 고파서 (　　)를 보니 벌써 1시였어.
4. 계측 •   • ④ 보건실에서 키와 몸무게를 재는 신체 (　　)을 했어.

어휘 확장하기

• **百年之計(백년지계)**

먼 앞날까지 미리 내다보고 세우는 계획을 말해요. 특히 학교 교육에 대하여 이야기할 때에는 '백년지계' 또는 '百年大計(백년대계)'라는 표현을 많이 써요.

교육은 나라의 **백년지계**이다.

정답 1.① 2.③ 3.② 4.④

6 時 때 시

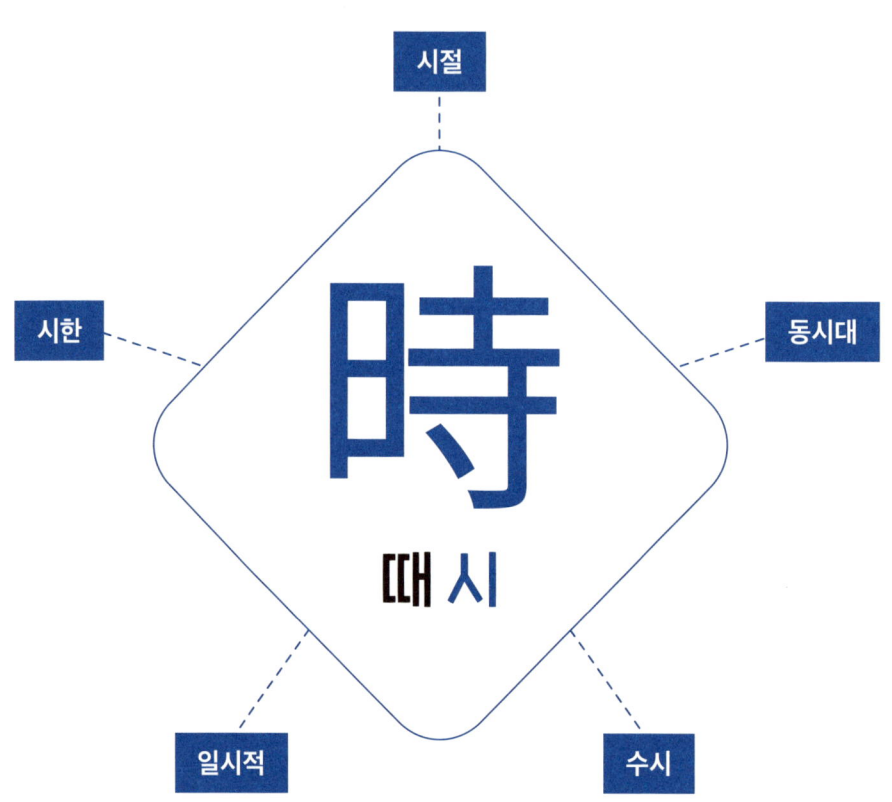

- **시절** 일정한 시기나 때
- **동시대** 같은 시대
- **수시** 일정하게 정하여 놓은 때 없이 그때그때 상황에 따름
- **일시적** 잠시 동안의 짧은 때나 한동안만 일어나거나 나타나는 것
- **시한** 일정하게 한정된 기간이나 시간

- **시간** `3 수학`

하루의 24분의 1이 되는 동안을 세는 단위를 '시간'이라고 해요. 하루는 24시간이고, 1시간은 60분, 1분은 60초이지요. 시간을 더하거나 뺄 때에는 시 단위의 수는 시 단위의 수끼리, 분 단위의 수는 분 단위의 수끼리, 초 단위의 수는 초 단위의 수끼리 계산해요.

```
    4 시   28 분    7 초            5 시   43 분  35 초
+  2 시간  31 분   42 초         -  4 시   20 분
------------------------         ------------------------
    6 시   59 분   49 초           1 시간  23 분  35 초
```

- **세시풍속** `3, 5 수학`

해마다 일정한 시기에 되풀이하여 행해 온 고유의 풍속을 말해요. 설날에 떡국을 끓여 먹고, 세배를 하고, 연날리기를 하는 것이나 추석에는 송편을 먹고, 강강술래, 윷놀이를 하는 것이 대표적인 우리나라의 세시풍속이지요.

- 뜻이 맞는 것끼리 서로 이어 보아요.

1. 시간은 금이다 • • ① 시간이 소중하다는 것을 뜻해요.

2. 시간이 약이다 • • ② 시간이 지나면 괴로웠던 일도 아픔도 무뎌지고 잊혀진다는 뜻이에요.

3. 시간 가는 줄 모른다 • • ③ 어떤 일에 몰두하고 집중해서 시간이 어떻게 지났는지 알지 못한다는 뜻으로 쓰여요.

4. 시간을 벌었다 • • ④ 시간적인 여유를 더 얻었다는 뜻이에요

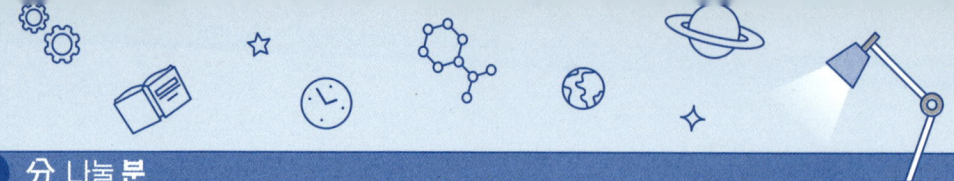

7 分 나눌 분

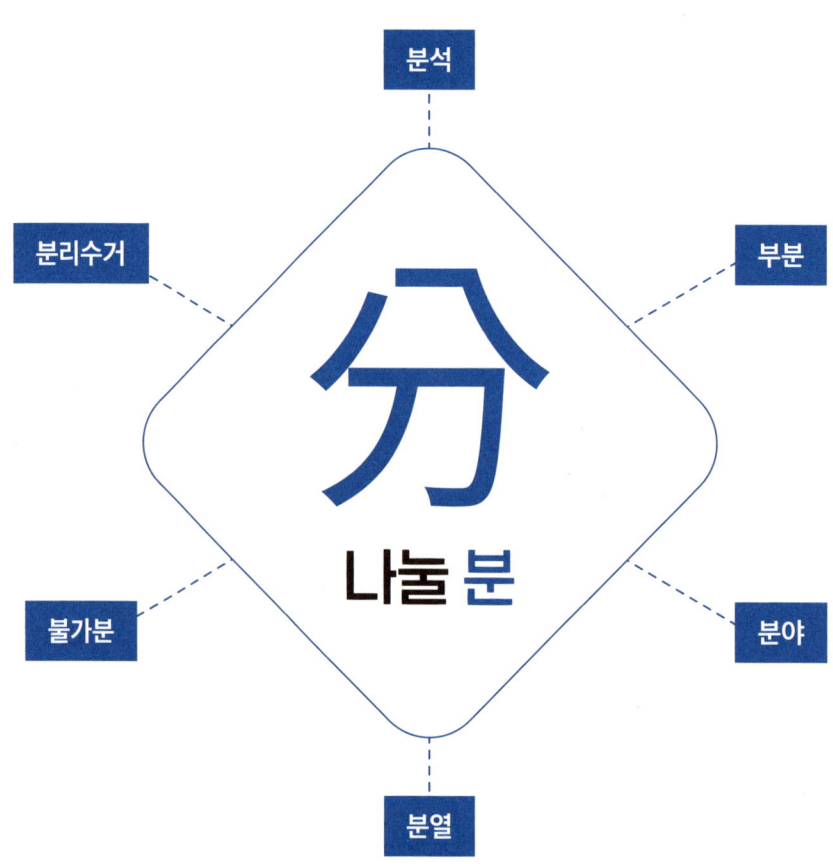

- **분석** 복잡한 현상을 다양한 각도로 풀어서 논리적으로 해명함
- **부분** 전체를 몇 개로 나눈 것의 하나
- **분야** 여러 갈래로 나누어진 범위나 부문
- **분열** 하나로 존재하던 사물이나 집단, 사상 따위가 갈라져 나뉨
- **불가분** 나누려 해도 나눌 수 없음
- **분리수거** 쓰레기나 재활용품 따위를 종류별로 나누어 거두어 감

- **선분** 3 수학

두 점을 곧게 이은 선을 '선분'이라고 말해요. 선분은 시작점과 끝점이 있기 때문에 길이 측정을 할 수 있어요. 직선은 선분을 양쪽으로 끝없이 늘인 곧은 선으로, 길이를 측정할 수 없어요.

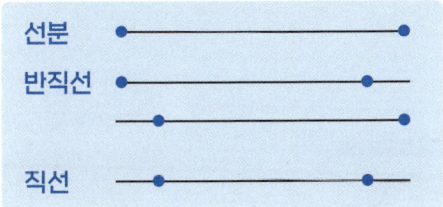

- **분수** 3 수학

전체에 대한 부분을 나타내는 수를 '분수'라고 말해요. 분자가 분모보다 작으면 진분수라고 하고, 분자가 분모보다 크면 가분수라고 해요. 자연수와 분수가 합해진 분수는 대분수($2\frac{1}{4}$, $5\frac{2}{3}$ 따위)라고 하지요.

$$\frac{부분}{전체} = \frac{분자}{분모}$$

- **분류** 3 과학

과학자는 탐구 대상을 관찰해 특징에 따라 공통점과 차이점에 따라 기준을 세워 '분류'해요. 분류를 할 때에는 누가 분류하더라도 똑같은 결과가 나올 수 있는 명확한 기준을 세워야 해요. 사람마다 분류 결과가 달라질 수 있는 것은 분류 기준이 될 수 없어요.

- **事理分別(사리분별)**

일의 이치를 구별하여 가르는 일을 말해요. 상황 파악을 정확하게 하고 야무지게 일을 처리하는 경우에 사용하지요.

도균이는 **사리분별**이 명확하고 일 처리가 능숙하다는 평가를 받는 학생이에요.

8 交 사귈교

- **교제** 서로 사귀어 가까이 지냄
- **교차로** 두 길이 엇갈린 곳
- **교환** 서로 바꿈
- **외교** 다른 나라와 정치적, 경제적, 문화적 관계를 맺는 일로, 외교하는 일을 하는 사람을 '외교관'이라고 함
- **교감** 서로 접촉하여 사상이나 감정 따위를 함께 나누어 가짐
- **사교적** 여러 사람과 잘 사귀는 것

어휘 살펴보기

- **교통수단** 3 사회

'교통수단'은 사람이 이동하거나 물건을 옮기는 데 사용하는 방법이나 도구를 말해요. 옛날 사람들은 가마, 말, 달구지, 당나귀, 돛단배, 뗏목과 같은 교통수단을 이용했어요. 오늘날에는 버스, 고속 열차, 승용차, 오토바이, 비행기, 여객선 등을 이용하지요.

- **교류** 4 사회

교류의 본래 뜻은 '서로 다른 물줄기가 섞여 흐른다'는 것인데, 요즘에는 서로 다른 개인이나 지역, 나라 사이의 물건이나 문화, 기술 등을 주고받는 의미로 더 많이 쓰입니다.

우리가 생활하는 데에 필요한 것은 우리가 살고 있는 곳에서 모두 충족할 수 없어요. 편리한 생활을 이어 가기 위해 우리는 다른 지방, 혹은 나라와 적극적인 교류를 통해 물건이나 기술, 문화 등을 주고받습니다. 최근 우리나라의 드라마나 케이팝이 전 세계적으로 퍼져 나가는 것 또한 한류 열풍이 일으킨 '문화 교류'라고 할 수 있어요.

어휘 확장하기

- **管鮑之交(관포지교)**

관중과 포숙의 사귐이란 뜻으로, 우정이 아주 돈독한 친구 관계를 이르는 말이에요.

관중과 포숙은 어릴 적부터 둘도 없는 친구였는데, 관중은 포숙에 대한 고마웠던 점을 돌아보며 이렇게 말했어요.

"내가 젊었을 때, 포숙과 함께 장사를 하면 언제나 내가 많은 이익을 취했다. 그러나 포숙은 나를 욕심쟁이라고 말하지 않았다. 내가 가난한 것을 알고 있었기 때문이다. 포숙은 몇 번씩이나 벼슬에 나갔지만, 그는 나를 무능하다고 흉보지 않았다. 아직 내게 운이 오지 않았다고 생각해 주었다. 한번은 내가 싸움터에서 도망쳐 온 적이 있었다. 그러나 그는 나를 겁쟁이라고 비웃지 않았다. 나에게 늙은 어머니가 계시기 때문이라고 생각해 주었다. 나를 낳아 준 것은 부모님이지만, 나를 알아봐 준 사람은 포숙이다."

9 通 통할 통

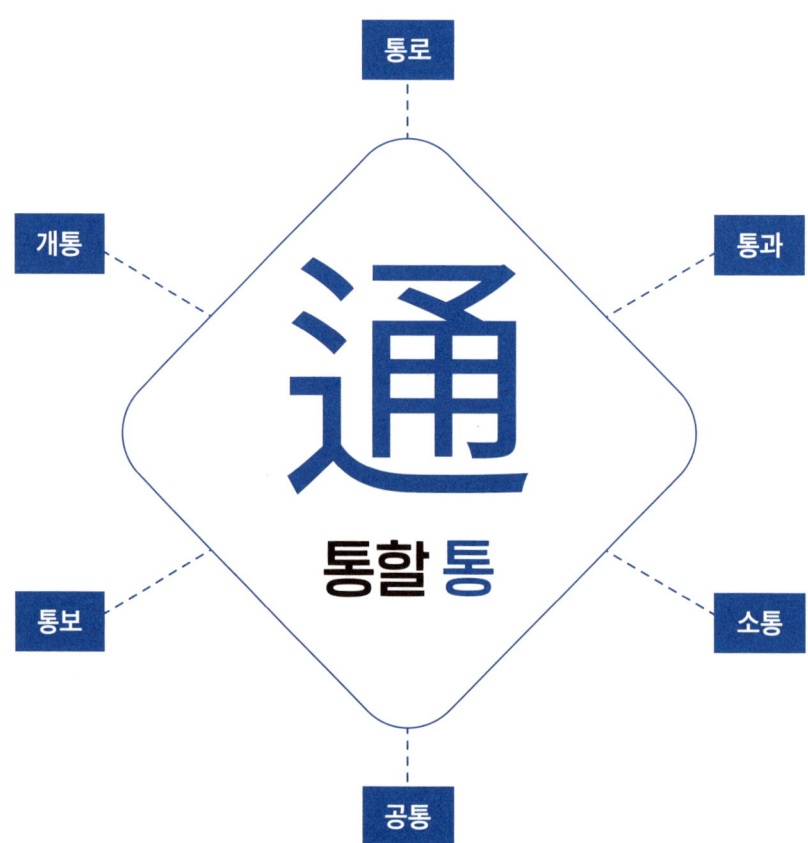

- **통로** 통하여 다닐 수 있도록 만들어진 길
- **통과** 어떤 곳이나 때를 거쳐서 지나감
- **소통** 사물이 막힘이 없이 잘 통함
- **공통** 둘 이상 사이에서 두루 해당되고 관계됨
- **통보** 어떤 사실을 알리어 줌
- **개통** 도로, 철도, 전화 등이 완성되어 쓰이기 시작함

- **통신 수단** 3 사회

다른 사람에게 소식을 전하기 위해 사용하는 도구를 '통신 수단'이라고 해요. 옛날 사람들은 북, 신호 연, 봉수, 파발, 비둘기, 방 등의 통신 도구를 사용했어요. 오늘날의 사람들은 휴대 전화, 컴퓨터, 텔레비전 등을 이용해 다양한 소식과 정보를 주고받아요.

- **의사소통** 3 국어

가지고 있는 생각이나 뜻이 서로 통하는 것을 '의사소통'이라고 해요. 원활한 의사소통을 위해서는 서로에 대한 이해가 필요하지요. 그래서인지 우리나라 교육에서는 의사소통 역량을 중요하게 생각해요.

- **유통** 4 사회

상품이 생산자로부터 소비자에 도달하기까지 여러 단계로 이동하는 것을 말해요. 예를 들어 젖소에서 짠 우유가 공장으로 이동해서 상품으로 만들어지고, 그 우유가 마트로 이동해서 우리 집에 오기까지의 과정을 '유통'이라고 하지요. 유통 기한은 식품처럼 상할 위험이 있는 상품을 시장에서 판매할 수 있는 기한을 말해요.

1. 통로 •   • ① 우리 팀은 '우승'이라는 (   )의 목표를 가지고 있어.
2. 소통 •   • ② 고속 도로에 사고가 나서 차량 (   )이 잘되지 않는대.
3. 공통 •   • ③ 불법으로 주차한 차가 주차장 (   )를 막고 있어.
4. 통보 •   • ④ 예원이는 오디션에 합격했다는 (   )를 받았어.

어휘 확장하기

- **一脈相通(일맥상통)**

사고방식이나 상태, 성질이 서로 통하거나 비슷한 상태를 말해요.

- **一方通行(일방통행)**

한 방향으로만 가도록 하는 것을 일방통행이라고 해요. 또는 사람과 사람의 관계에서 한쪽의 의견만 주장할 때 쓰기도 하지요.

정답 1.③ 2.② 3.① 4.④

10 人 사람 인

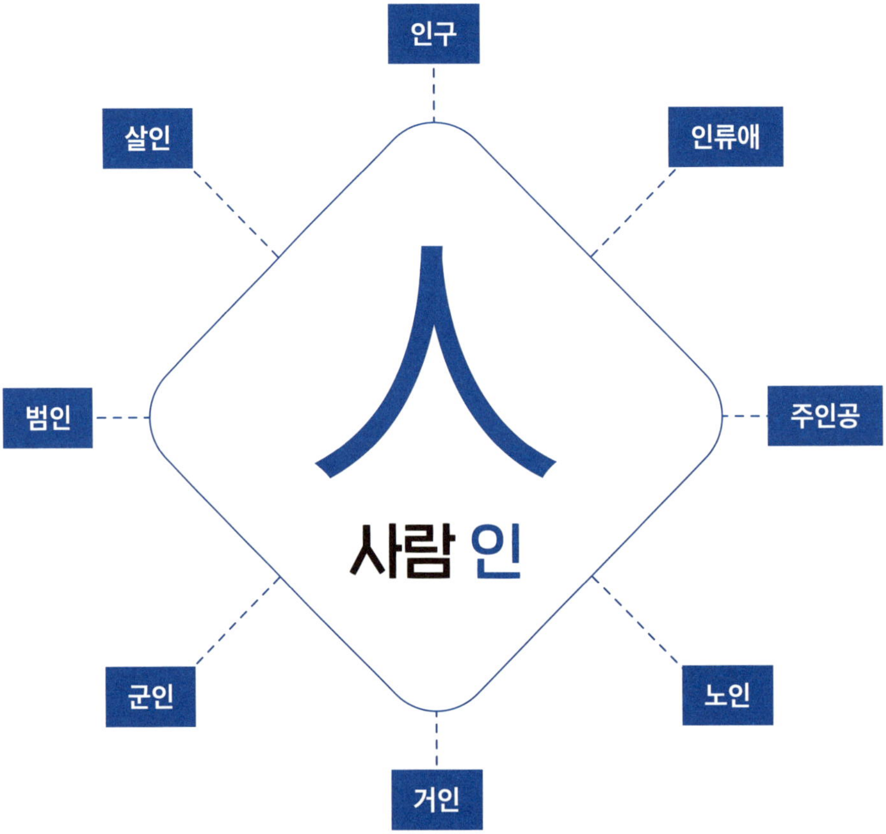

```
        인구
 살인         인류애
        人
 범인   사람 인  주인공
 군인         노인
        거인
```

- **인구** 한 나라 또는 일정 지역 안에 사는 사람의 수
- **인류애** 세계의 모든 사람에 대한 차별 없는 사랑
- **주인공** 소설, 연극, 영화 등에서의 사건을 이끌어 가는 중심인물
- **노인** 나이가 많이 들어 늙은 사람
- **거인** 보통 사람보다 몸이 아주 큰 사람
- **군인** 군대에 복무하는 장교, 부사관, 병사를 통틀어 이르는 말
- **범인** 죄를 저지른 사람
- **살인** 사람을 죽임

- **인문 환경** 3 사회

'인문 환경'은 인간이 만들어 낸 환경을 말해요. 우리를 둘러싸고 있는 모든 것들을 환경이라고 하는데, 환경에는 산, 들, 하천, 바다와 같은 자연환경과 건물, 도로, 공원 등의 인문 환경이 있지요. 논과 밭, 목장, 공원, 저수지도 자연을 이용해 사람이 만든 환경이기 때문에 인문 환경에 속해요.

- **인권** 5 사회

모든 사람이 가지는 기본적 권리인 사람답게 살 권리를 '인권'이라고 합니다. 사람은 누구나 태어날 때부터 자유롭고, 동등하며, 존엄합니다. 사람이라면 누구나 성별, 국적, 인종에 관계없이 누구나 차별받지 않고 인권을 보장받아야 해요.

- 빈칸에 알맞은 말을 넣어 보세요.

1.

자연환경	산, 들, 하천, 바다
(　　) 환경	논, 밭, 목장, 공원, 저수지, 건물, 도로, 공원

2. 인간의 권리와 존엄을 지키기 위한 세계 ㅇ ㄱ 선언에서는 깊은 ㅇ ㄹ ㅇ 를 느낄 수 있다.

어휘 확장하기

- **眼下無人(안하무인)**

눈에 보이는 사람이 없다는 뜻으로, 방자하고 교만하여 다른 사람을 업신여김을 이르는 말이에요.

- **人山人海(인산인해)**

사람이 산을 이루고 바다를 이루었다는 뜻으로, 엄청나게 많은 사람이 모인 상태를 나타낼 때 쓰는 표현이에요.

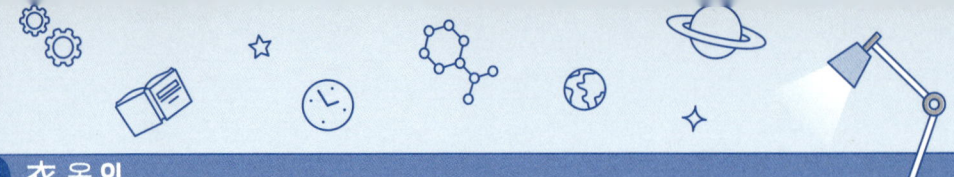

11 衣 옷 의

- 의복
- 탈의실
- 수의
- 인상착의
- 상의
- 하의

衣 옷 의

- **의복** 몸을 싸서 가리기 위하여 천이나 가죽으로 만들어 입는 물건
- **수의** 죽은 사람에게 입히는 옷
- **상의** 위에 입는 옷
- **하의** 아래에 입는 옷
- **인상착의** 사람의 생김새와 옷차림
- **탈의실** 옷을 벗거나 갈아입는 방

어휘 살펴보기

- **의식주** `3 사회`
  사람이 살아가는 데 기본적으로 필요한 '입을 옷(의), 먹을 음식(식), 살 수 있는 집(주)'을 통틀어 이르는 말이에요. 옷은 더위와 추위, 비, 바람 등 다양한 환경에서 몸을 보호해 주고, 음식은 사람이 살아가는 데 필요한 영양소와 힘을 얻게 하지요. 그리고 집은 더위나 추위를 피하고 휴식을 취할 수 있게 해 줘요. 고장의 날씨나 환경에 따라 의식주는 다르게 나타나요.

어휘 적용하기

1. 상황에 맞는 ㅇ ㅂ 을 입는 것이 예의란다.
2. 상의는 사이즈가 잘 맞았는데 ㅎ ㅇ 가 꽉 조여서 배가 아팠어.
3. 수영장에 들어가기 전에 ㅌ ㅇ ㅅ 에서 수영복으로 갈아입어야 해.
4. 경찰은 ㅇ ㅅ ㅊ ㅇ 를 보고 범인을 찾아냈어.

어휘 확장하기

- **白衣民族(백의민족)**
  흰옷을 입은 민족이라는 뜻으로, 예로부터 우리 민족이 흰옷을 즐겨 입은 데서 유래하지요.

- **錦衣還鄉(금의환향)**
  비단옷을 입고 고향에 돌아온다는 뜻으로, 성공을 해서 고향에 돌아갈 때 쓰는 표현이에요.

- **옷과 관련된 속담**
  - ★**옷이 날개다** 옷이 좋으면 사람이 돋보인다는 뜻으로, 멋진 옷을 입어 사람이 평소와 달라 보일 때 쓰는 표현이에요.
  - ★**가랑비에 옷 젖는 줄 모른다** 가늘게 내리는 비라서 옷이 젖는 걸 느끼지 못한다는 뜻으로, 사소하고 작은 것이라 하여 신경을 쓰지 않으면 큰일이 될 수 있다는 뜻이에요.
  - ★**같은 값이면 다홍치마** 값이 같다면 더 예쁜 것으로 선택한다는 뜻으로, 이왕이면 나에게 더 이익을 가져다 주는 것으로 선택할 때 쓰는 표현이에요.

정답 1. 의복 2. 허의 3. 탈의실 4. 인상착의

12 農 농사 농

- **농지** 농사를 짓는 데 쓰이는 땅
- **농산물** 농업에 의하여 생산된 물품
- **농약** 농작물에 해로운 병충해를 없애 주거나 농작물을 성장시키고 발육시키는 데에 쓰이는 약품
- **농경 사회** 논밭을 갈아 농작물을 심고 가꾸며 생활을 하는 시대
- **농부** 농사짓는 일을 직업으로 하는 사람

어휘 살펴보기

- **농사** 3 사회

곡류, 과채류 등의 씨나 모종을 심어 기르고 거두는 일을 '농사'라고 해요. 구석기 시대에는 식물의 열매를 따 먹거나 동물을 사냥하며 살아왔지만, 신석기 시대에 들어서면서 농사를 지으며 정착 생활을 하게 되었어요. 점차 농사 도구가 발달하면서 사람들은 작은 힘으로 넓은 땅을 농사지을 수 있게 되었고, 수확하는 곡식의 양도 많아졌어요.

- **동학 농민 운동** 5 사회

조선 시대 말기(1894년), 전봉준을 비롯한 동학 세력과 농민들이 일으킨 농민 혁명이에요. 계급 사회로 양반과 평민이 나뉘어 있던 조선 시대에 최제우는 모든 사람이 평등하다고 주장하는 동학을 창시했어요. 동학은 양반들에게 시달리던 농민들 사이에서 빠르게 퍼져 나갔지요. 모든 사람이 평등하다는 생각을 갖게 된 농민들은 탐관오리에 맞서 농민 봉기를 일으켰어요. 또한 동학 농민 운동은 외국 세력을 몰아내기 위해 맞서 싸웠어요. 동학 농민 운동의 정신은 훗날 항일 의병 투쟁으로 이어졌어요.

어휘 적용하기

1. 요즘 딸기, 포도, 복숭아 같은 ㄴ ㅅ ㅁ 로 만든 과일 음료가 인기를 끌고 있어.

2. 이 블루베리는 ㄴ ㅇ 을 치지 않고 키운 친환경 블루베리야.

3. 우리나라의 풍습이 농사와 관련된 것이 많은 것을 보면 우리나라가 ㄴ ㄱ ㅅ ㅎ 였다는 것을 알 수 있다.

4. 해충을 없애기 위해 뿌리는 ㄴ ㅇ 이 사실은 사람에게도 해롭다.

정답 1. 농산물 2. 농약 3. 농경 사회 4. 농약

13 豫 미리 예

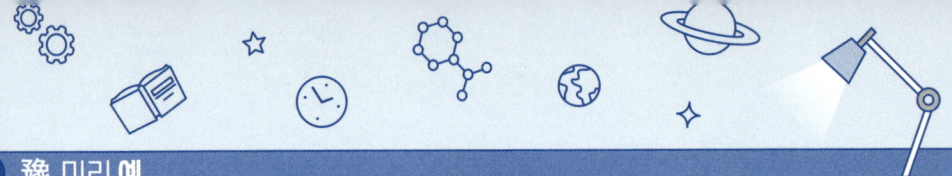

豫 미리 예

- 예측
- 일기 예보
- 예약
- 예정
- 예감
- 예매권
- 예방 접종

- **예측** 앞으로 있을 일을 미리 생각하여 짐작함
- **일기 예보** 날씨의 변화를 미리 짐작하여 알리는 일
- **예약** 어떤 것을 확보해 두기 위해 미리 약속함
- **예정** 앞으로 할 일을 미리 정함
- **예감** 앞으로 닥쳐 올 일을 육감으로 미리 느낌
- **예매권** 미리 파는 입장권이나 차표 등을 뜻함
- **예방 접종** 감염병을 예방하기 위하여 면역성이 생기게끔 백신을 주사나 약으로 몸에 넣는 일

- **예상** `3 과학`

  앞으로 일어날 수 있는 일을 생각해 보는 것을 '예상'이라고 해요. 과학자들은 관찰하고 측정한 결과에서 규칙성을 찾고 이를 바탕으로 앞으로 일어날 일을 예상하지요. 관찰한 내용을 나의 지식이나 경험과 연관 지어 규칙을 찾아내면 더 정확하게 예상할 수 있어요.

- **예산안** `6 사회`

  국가를 운영하는 데 필요한 비용(예산)을 미리 헤아려 계산한 것을 '예산안'이라고 해요. 국회에서는 예산안을 심의하고 확정하며, 행정부가 예산을 제대로 사용했는지를 심사해요.

1. 비가 오네, 오늘 | ㅇ | ㄱ | ㅇ | ㅂ | 를 보고 우산을 챙겨 오길 잘했어!
2. 정민이와 주말에 영화를 보기로 해서 미리 | ㅇ | ㅇ | 을 했어.
3. 독감으로 고생하고 싶지 않다면 겨울이 되기 전에 | ㅇ | ㅂ | ㅈ | ㅈ | 을 맞아야 해.
4. 오늘은 기분 좋은 일이 일어날 것 같은 | ㅇ | ㄱ | 이 들어.

어휘 확장하기

- **음은 같지만 뜻이 다른 한자**

豫 미리 예	禮 예도 례(예)	藝 재주 예
예측, 예약, 예정	예도, 예절, 예의	문예, 기예, 연예인

정답 | 1. 일기 예보 2. 예약 3. 예방 접종 4. 예감

14 物 물건 물

物 물건 물

- 물건
- 만물
- 사물
- 재물
- 유물
- 보물
- 박물관
- 장애물
- 고물

- **물건** 일정한 형체를 갖춘 물질적 대상
- **만물** 세상에 있는 갖가지 모든 것
- **사물** 일과 물건을 아울러 이르는 말
- **재물** 돈이나 값나가는 물건을 통틀어 이르는 말
- **유물** 앞 세대가 후세에 남긴 물건 또는 죽은 사람이 남긴 물건
- **보물** 매우 드물고 귀하여 가치가 있고 보배로운 물건
- **박물관** 역사적 유물이나 예술품, 학술적 의의가 있는 자료를 보관하고 전시하는 곳
- **장애물** 어떤 일을 하는 데 방해가 되는 물건
- **고물** 헐거나 낡은 물건

- **물체** `3 과학`

  일정한 모양이 있고 공간을 차지하는 것을 '물체'라고 해요. 의자, 공, 물병, 풍선, 숟가락, 가방 등과 같이 우리 주변에서 볼 수 있는 물건들은 모두 물체라고 할 수 있어요.

- **물질** `3 과학`

  책상을 만드는 나무, 공을 만드는 고무와 같이 물체를 만드는 재료를 '물질'이라고 해요. 물질의 종류에는 나무, 금속, 고무, 플라스틱, 유리, 섬유, 가죽 등이 있지요. 종류가 같은 물체라도 그 물체를 이루는 물질에 따라 쓰임새가 달라요.

종이컵	유리컵	금속컵
가볍다.	투명해서 무엇이 들어 있는지 알 수 있다.	깨지지 않고 튼튼하다.

1. 유물 •
2. 고물 •
3. 박물관 •
4. 장애물 •

• ① 얼마 전 부여에서 백제 시대 (　　)이 발견되었다.
• ② 우리 아빠는 낡아 빠진 (　　)도 버리지 않고 모아 둔다.
• ③ 이번 현장 학습에는 국립 중앙 (　　)을 방문할 예정이다.
• ④ 나는 1등을 하기 위해 (　　)을 피해 달려갔다.

- **見物生心(견물생심)**

  누구나 좋은 물건을 보면 가지고 싶다는 생각이 들지요? 견물생심은 그런 유혹에 사로잡힐 때 쓰는 표현으로, 어떠한 실물을 보게 되면 그것을 가지고 싶은 욕심이 생긴다는 뜻이에요. 하지만 물건에 아무리 욕심이 나더라도 절제할 줄 알아야겠지요.

중급편

중급 편에서는 4학년 교육 과정에 주로 등장하는 한자를 소개합니다. 교과 용어와 사자성어를 함께 정리하여 어휘력을 탄탄히 쌓아 보아요.

1 角 뿔 각

```
        직각
          |
대각선 ---- 角 ---- 예각
          뿔 각
두각 ----        ---- 둔각
          |
        팔각정
```

*사람 이름 '록(녹)' 혹은 꿩 우는 소리 '곡'으로 읽고 뜻하기도 해요.

- **직각** 두 직선이 만나서 이루는 90도의 각
- **예각** 직각보다 작은 각
- **둔각** 90도보다 크고 180도보다는 작은 각
- **팔각정** 지붕을 여덟모가 지도록 지은 정자
- **두각** 재능이나 학식, 기술 따위가 남보다 특히 뛰어남을 비유적으로 이르는 말
- **대각선** 다각형에서 이웃하지 않는 두 꼭짓점을 잇는 선분

- **각도** `4 수학`

'각도'는 각의 크기를 말하는데, 각도를 나타내는 단위는 도(°)입니다. 두 직선이 만나서 이루는 각인 직각은 90°이며, 하나의 각이 0보다 크고 직각보다 작은 각을 '예각', 직각보다 크고 180보다 작은 각을 '둔각'이라고 합니다.

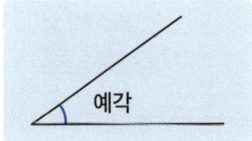
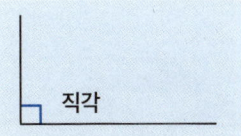
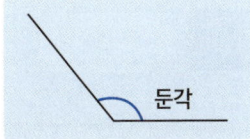

어휘 적용하기

1. 우리 마을 뒷산에는 멋지게 지어진 ㅍ ㄱ ㅈ 이 있다.
2. 소미는 어려서부터 음악에 남다른 ㄷ ㄱ 을 나타냈다.
3. 정사각형에 ㄷ ㄱ ㅅ 을 그어 자르면 삼각형이 된다.

어휘 확장하기

- **氷山의 一角(빙산의 일각)**

빙산은 빙하에서 떨어져 나온 커다란 얼음덩어리를 뜻해요. 물 위에 드러나 있는 부분보다 물 속에 잠겨 있는 부분이 훨씬 거대하지요. 그래서 대부분 숨어 있고, 드러나 있는 것이 극히 일부분일 때 '빙산의 일각'이라는 표현을 써요.

- **死角地帶(사각지대)**

어느 위치에 섬으로써 사물이 보이지 않는 각도를 말해요. 관심이나 영향이 미치지 못하는 구역을 비유적으로 표현할 때 쓰기도 하지요.

- **三角關係(삼각관계)**

세 사람 혹은 세 단체 사이의 관계를 뜻해요. 일반적으로는 세 사람 사이에 얽힌 연애 관계를 말하고요.

2　多 많을 다

- **대다수** 거의 모두
- **다양성** 모양, 빛깔, 형태, 양식 따위가 여러 가지로 많은 특성
- **다국적** 여러 나라가 관여하거나 여러 나라의 것이 섞임
- **다자녀** 자녀가 많음. 또는 많은 자녀
- **과다** 너무 많음
- **다산** 아이 또는 새끼를 많이 낳음

어휘 살펴보기

- **다각형** `4 수학`

선분으로만 둘러싸인 도형을 '다각형'이라고 해요. 변의 수에 따라 오각형, 육각형, 칠각형……
등으로 표현해요.

다각형			
변의 수(개)	5	6	7
이름	오각형	육각형	칠각형

- **다수결** `6 사회`

다수, 즉 여러 사람의 의견이 소수의 의견보다 합리적일 것이라고 가정하고, 의사 결정을 할 때 다수의 의견을 따르는 방법이에요. 지역 사회나 학교의 문제를 해결할 때, 다수결로 정할 때가 많아요. 하지만 소수의 의견도 존중해야 해요.

어휘 적용하기

1. 대다수 •   • ① 우리 반 친구들의 (   )는 걸어서 학교에 온다.
2. 다양성 •   • ② 각 나라의 문화가 가진 (   )을 존중해야 한다.
3. 다자녀 •   • ③ 자녀가 2명 이상인 (   ) 가정은 주차가 무료이다.

어휘 확장하기

- **博學多識(박학다식)**

학식이 넓고 아는 것이 많은 것을 말해요.

- **多多益善(다다익선)**

많으면 많을수록 더욱 좋다는 뜻이에요.

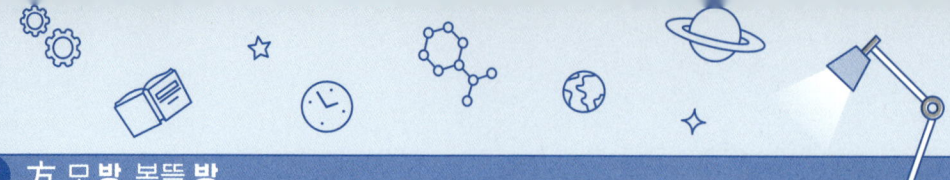

3 方 모방, 본뜰방

- **방침** 앞으로 일을 처리해 나갈 방향이나 계획
- **방향** 어떤 곳을 향한 쪽
- **지방** 한 나라의 수도 이외의 지역
- **상대방** 서로 맞서거나 마주하고 있는 맞은편의 사람
- **처방** 결함이나 문제를 해결하기 위해 제시된 적절한 방법
- **행방** 간 곳이나 방향

- **방**위표 4 사회

보통 동서남북의 네 방향으로 위치를 나타내는 것을 '방위'라고 하고, 방위를 지도 위에 나타내기 위한 것을 '방위표'라고 해요. 방위표를 이용하면 사람이나 건물이 향한 방향에 관계없이 방위표의 기준에 따라 위치를 나타낼 수 있어요. 만일 지도에 방위표가 없다면 위쪽을 북쪽, 아래쪽을 남쪽, 오른쪽은 동쪽, 왼쪽은 서쪽이라고 약속해요.

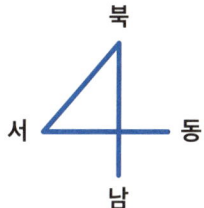

어휘 적용하기

1. 방향 •
2. 지방 •
3. 행방 •
4. 상대방 •

• ① 미현이가 어디로 갔는지 (　　)을 아는 사람이 없었다.
• ② 우리 삼촌은 경찰 시험에 합격해서 (　　)으로 발령이 났다.
• ③ 처음으로 이사 온 마을에서 나는 (　　)을 잃고 길을 헤맸다.
• ④ 예지는 (　　)의 의견을 듣지 않고 자기 의견만 고집했다.

어휘 확장하기

- **四方八方(사방팔방)**

여기저기 모든 방향이나 방면을 뜻해요.

아버지께서 할아버지의 병을 낫게 할 방법을 찾으러 **사방팔방** 안 간 곳이 없다.

- **天方地軸(천방지축)**

종잡을 수 없이 덤벙이고, 성격이 급하여 허둥지둥 함부로 날뛴다는 의미예요.

동생이 **천방지축**으로 날뛰다가 앞으로 고꾸라지고 말았다.

정답 1.③ 2.② 3.① 4.④

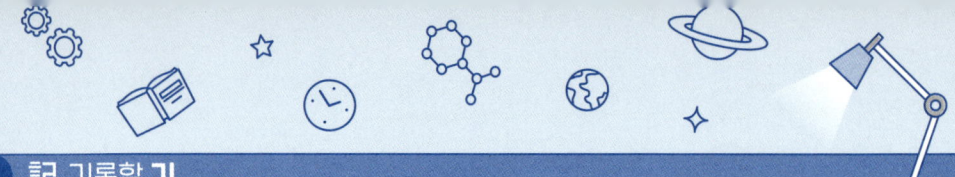

4 記 기록할 기

- 기록
- 무기명
- 기억
- 기입
- 표기

記 기록할 기

- **기록** 주로 후일에 남길 목적으로 어떤 사실을 적음
- **기억** 과거의 사물에 대한 것이나 지식 따위를 머릿속에 새겨 두어 보존하거나 되살려 생각해 냄
- **표기** 겉으로 표시하여 기록함
- **기입** 수첩이나 문서 등에 적어 넣음
- **무기명** 이름을 적지 않음

어휘 살펴보기

- **기호** `4 사회`

어떠한 뜻을 나타내기 위한 부호, 문자, 표지 등을 통틀어 '기호'라고 해요. 지도에서도 기호는 제 역할을 톡톡히 해내지요. 지도 위에 실제 모습을 그대로 그리거나 모든 정보를 글자로만 표시하면 지도를 알아보기 어려워서 기호를 사용하거든요. 아래의 표는 실제로 지도상에서 쓰이고 있는 기호들이에요.

지도에 사용되는 다양한 기호

▟	학교	▲	산	♨	온천
丄丄	논	∥∣∥	밭	○	과수원

- **일기** `2 국어`

날마다 그날그날 겪은 일이나 생각, 느낌을 적는 개인의 기록을 '일기'라고 해요.

일기를 쓸 때 참고할 점

★ 날짜와 요일을 정확하게 써요.
★ 날씨를 생생하게 표현하면 좋아요.
★ 언제, 어디에서, 누구와 무슨 일이 있었는지 자세히 써요.
★ 겪은 일에 대한 나의 생각이나 느낌을 솔직히 써요.

어휘 확장하기

- **身邊雜記(신변잡기)**

자신의 주변에서 일어나는 여러 가지 일에 대하여 생각하고 느낀 것을 자유로운 형식으로 쓴 글을 '신변잡기'라고 해요.

- **一代記(일대기)**

어느 한 사람의 일생이나 위인들의 삶에 관하여 적은 기록을 말해요.

5 縮 줄일 축

- 감축
- 축소
- 수축
- 위축
- 축약
- 단축
- 농축
- 압축

縮 줄일 축

- **감축** 양이나 수효를 덜어서 줄임
- **축소** 줄이거나 작게 함
- **위축** 어떤 힘에 눌려서 졸아들고 기를 펴지 못함
- **단축** 시간이나 거리가 줄어듦
- **압축** 글이나 어떤 내용 따위를 요약하여 줄임
- **농축** 즙액이나 용액 등이 진하게 바짝 졸아듦
- **축약** 사물의 크기나 범위 따위를 줄여 간략하게 함
- **수축** 오그라들거나 줄어듦

어휘 살펴보기

• **축척** [4 사회]

지도에는 땅 위의 모든 것을 실제 크기와 똑같이 종이에 그릴 수 없어요. 따라서 땅의 실제 모습을 일정하게 줄여서 나타내야 하지요. 이렇게 실제 거리를 일정한 크기로 줄인 정도를 '축척'이라고 해요. 일반적으로 축척은 막대 모양으로 표시되고, 축척에 따라 지도에 나타난 지역의 범위와 자세한 정도가 달라져요.

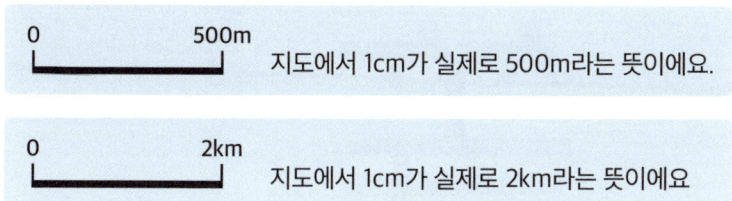

지도에서 1cm가 실제로 500m라는 뜻이에요.

지도에서 1cm가 실제로 2km라는 뜻이에요

실제 거리를 많이 줄인 지도는 넓은 지역을 간략하게 나타내어 한눈에 알아보기에 좋아요. 실제 거리를 조금 줄인 지도는 좁은 지역을 자세하게 나타내어 지역을 자세히 보는데 알맞아요.

어휘 적용하기

1. 엄마께서 건강에 좋다고 맛없는 홍삼 ㄴ ㅊ 액을 마시라고 하셨어.
2. 형이 시험에서 불합격한 탓인지 많이 ㅇ ㅊ 된 것 같아.
3. 100미터 달리기 연습을 매일 했더니 시간이 ㄷ ㅊ 되었어.
4. 물빨래를 하면 안 되는 옷을 빨았더니 옷이 ㅅ ㅊ 되어 버렸다.

어휘 확장하기

• **緊縮 財政(긴축 재정)**

경제 안정을 위하여 국가 또는 지방 자치 단체의 예산 규모를 축소시킨 재정(돈에 관련된 일) 정책을 말해요. 일상생활에서는 돈을 아껴 써야 한다는 표현으로 많이 쓰이지요.

정답 | 1. 농축 2. 위축 3. 단축 4. 수축

6 等 무리 등

(등 中心)
- 평등
- 등식
- 등급
- 차등
- 균등
- 초등학교
- 열등감

- **평등** 권리나 의무, 신분 따위가 차별이 없이 고르고 한결같음
- **등식** 두 개 이상의 식이나 문자, 수가 등호로 이어진 것
- **등급** 신분, 품질, 값, 각종 평가 등의 높고 낮음, 좋고 나쁨을 여러 단계로 나누는 구분
- **차등** 고르거나 가지런하지 않고 차별이 있음
- **균등** 어느 한쪽으로 더하거나 덜함이 없이 고르고 가지런함
- **초등학교** 공부할 나이에 이른 아동에게 생활에 필요한 기초적인 지식을 가르치는 교육 기관
- **열등감** 자기를 남보다 못하거나 무가치하게 낮추어 평가하는 마음

어휘 살펴보기

• **등**고선 4 사회

'등고선'이란 지도에서 높이가 같은 곳을 연결하여 땅의 높낮이를 나타낸 선이에요. 등고선을 보면 땅의 모습이 높은 곳과 낮은 곳을 찾을 수 있어요. 등고선에 색을 표시해 땅의 높낮이를 나타내기도 해요. 보통 높이가 높아질수록 색이 진해져요.

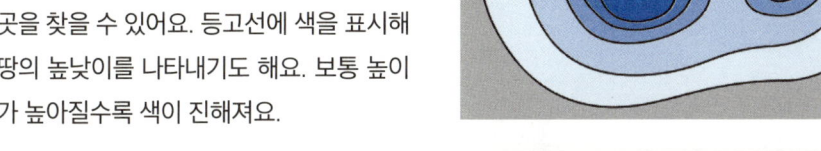

• **등**온선 5 사회

'등온선'은 지도에서 기온이 같은 곳을 연결한 선을 뜻해요. 지역별 기후를 나타낼 때 쓰여요.

어휘 적용하기

1. 저녁에 먹은 소고기는 A++ ㄷㄱ 이어서 정말 맛있었다.

2. 우리는 상으로 받은 과자를 ㄱㄷ 하게 나누기로 했다.

3. 다른 사람보다 달리기를 못한다고 해서 ㅇㄷㄱ 을 느낄 필요는 없다.

어휘 확장하기

• 八**等**身(팔등신)

얼굴의 길이가 키의 8분의 1에 해당하는 몸을 말해요. 보통 얼굴이 작고 키는 커서 몸매의 균형이 잡힌 경우에 쓰는 표현이지요.

• 兩性平**等**(양성평등)

남성과 여성의 차별이 없는 것을 양성평등이라고 해요.

7 中 가운데 중

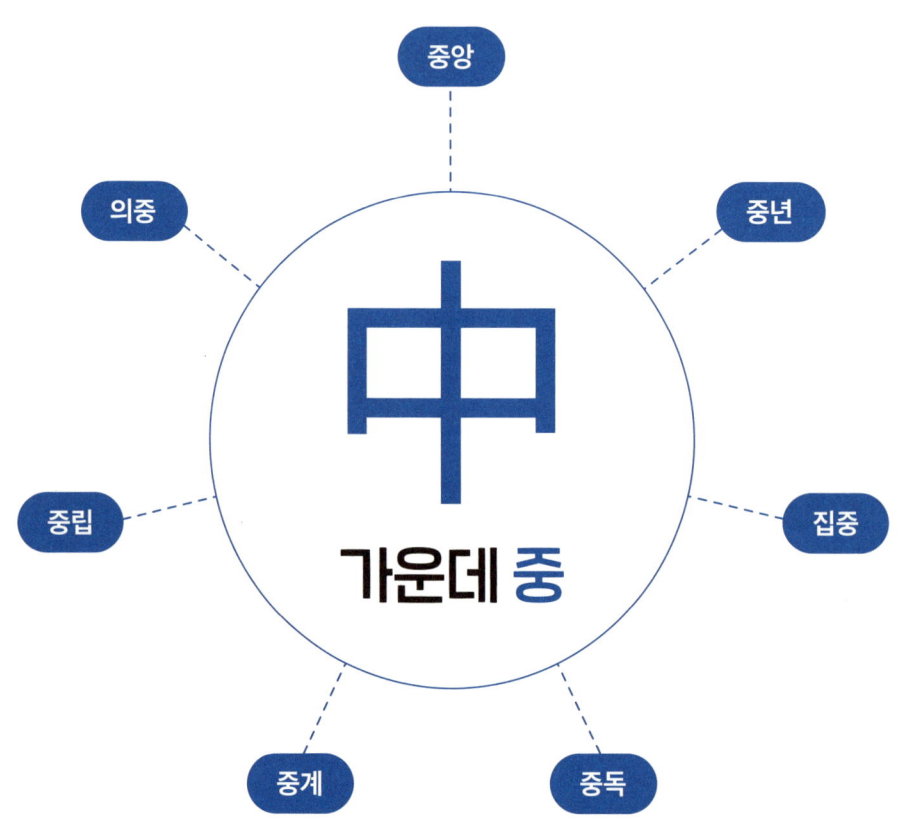

- **중앙** 어떤 사물의 한가운데가 되는 곳
- **중년** 청년과 노년의 중간
- **집중** 하나의 일에 힘을 쏟아부음
- **중독** 술이나 마약 따위를 계속 지나치게 복용하여 그것 없이는 일상생활이 힘든 상태
- **중계** 방송국 밖에서의 실황을 방송국이 전파를 이용하여 대중에게 널리 내보냄
- **중립** 어느 쪽에도 치우치지 않고 중간적 입장을 지킴
- **의중** 겉으로 드러나지 않는 마음의 속

어휘 살펴보기

- **중심지** [4 사회]

각 지역에서 사람들이 일이나 활동을 하기 위해 많이 모이는 곳을 '중심지'라고 해요. 중심지에는 시장, 백화점 등 생활에 필요한 여러 시설이 모여 있어요. 또한 다른 지역으로 이동할 수 있는 기차역이나 버스 터미널이 있어 교통이 편리해요. 사람들은 이러한 시설을 이용하기 위해 중심지로 모이지요.

★**행정의 중심지** 시청, 도청, 교육청 등 행정 관련 시설이 모여 있는 곳.

★**교통의 중심지** 지하철역, 버스 터미널, 항구 등의 교통 시설이 많은 곳.

★**상업의 중심지** 백화점, 대형 할인점, 시장, 가게 등 물건을 사고팔기 위해 사람들이 모이는 곳.

★**산업의 중심지** 사람들이 회사나 공장에서 일하기 위해 모이는 곳.

★**관광의 중심지** 자연 경관이 뛰어나거나 역사적 사건이 있었던 장소 등 사람들이 여가를 보내기 위해 모이는 곳.

어휘 적용하기

1. 중독 •   • ① 도균이는 누가 불러도 모를 만큼 (　　　)을 했어.
2. 중립 •   • ② 하루 종일 스마트폰만 하려고 하는 걸 보니 (　　　)인 것 같아.
3. 의중 •   • ③ 나는 영찬이와 주희가 싸울 때마다 (　　　)을 지키려고 했어.
4. 집중 •   • ④ 수영이가 나에게 자꾸 연락하는 (　　　)이 무엇일까?

어휘 확장하기

- **言中有骨(언중유골)**

말 속에 단단한 속뜻이 들어 있다는 말로, '말 속에 뼈가 있다'고 풀어 쓰기도 해요.

- **十中八九(십중팔구)**

열 가운데 여덟이나 아홉이 그렇다는 말로, 거의 예외 없이 대부분 그렇다는 뜻이에요.

정답 1.② 2.③ 3.④ 4.①

8 公 공평할 공

- **공평** 어느 한쪽에 치우치지 않고 고름
- **공익** 사회 전체의 이익
- **공금** 개인이 아닌 단체가 공동으로 소유하는 돈
- **공식** 국가나 사회에 의해 공적으로 인정된 형식이나 방식
- **공무원** 국가 또는 지방 자치 단체의 업무를 담당하고 집행하는 사람
- **공정** 공평하고 올바름

- **공공** 기관 4 사회

'공공 기관'은 주민 전체의 이익을 위해 국가나 지방 자치 단체가 세워 관리하는 기관을 말해요. 지역 사람들의 편의를 돕는 시청, 군청 같은 기관이나 주민들의 안전을 지키는 경찰서, 소방서와 주민들의 생활에 도움을 주는 박물관, 체육관, 도서관, 보건소가 대표적인 공공 기관이지요.

- 지구의 **공전** 6 과학

지구가 자전(스스로 도는 것)하면서 동시에 태양 주위를 일 년에 한 바퀴씩 회전하는 것을 '지구의 공전'이라고 해요. 지구는 태양을 중심으로 서쪽에서 동쪽으로 회전하지요. 이 때문에 계절에 따라 보이는 별자리가 달라져요.

어휘 적용하기

1. 회비는 회원 전체를 위해서 쓰는 ㄱㄴ 이니까 함부로 쓰면 안 돼.
2. 환경 보호는 우리 모두의 ㄱㅇ 을 위한 것이다.
3. 그 대회는 나이와 성별에 관계없이 ㄱㅍ 하게 치러졌다.

어휘 확장하기

- **公**明正大(**공**명정대)

하는 일이나 태도가 사사로움이나 그릇됨 없이 아주 당당하고 떳떳하다는 뜻으로 쓰여요.
이번 선거는 **공명정대**하게 치를 수 있도록 선거 위원을 두 배로 늘렸습니다.

9 住 살 주

- 주택
- 주거
- 주소
- 상주
- 이주
- 거주지
- 원주민

住
살 주

- **주택** 사람이 살 수 있도록 지은 집
- **주거** 일정한 곳에 자리를 잡고 머물러 삶
- **주소** 사람이 살고 있는 곳이나 기관, 회사 따위가 자리 잡고 있는 곳을 행정 구역으로 나타낸 것
- **상주** 어떤 지역에 항상 머물러 있거나 생활함
- **이주** 거주지를 다른 곳으로 옮겨서 삶
- **거주지** 사람이 자리를 잡고 살아가는 일정한 장소
- **원주민** 어떤 지역에서 처음부터 살던 사람

- **주민** 4 사회

일정한 지역에 살고 있는 사람을 '주민'이라고 해요. 주민들은 자기 지역에서 각종 사건 사고에 관심을 갖고 문제 해결을 위해 적극적으로 참여해야 해요.

★ **주민 참여 방법** 주민 투표, 서명 운동, 공청회 참석, 시민 단체 활동 등

＊시민 단체란?
사회의 여러 문제를 해결하기 위해 시민들이 스스로 모여서 만든 단체를 말해요. 환경, 경제, 교육, 문화 등 여러 분야의 지역 문제를 해결하기 위해 앞장서는 단체지요.

어휘 적용하기

1. 우리 마을에 댐이 건설되는 바람에 마을 사람들은 모두 ㅇ ㅈ 해야 했다.

2. 학생들이 살고 있는 ㄱ ㅈ ㅈ 에 따라 어느 초등학교에 입학할지 결정된다.

3. 그 섬은 사람이 살기 어려운 섬이라 ㅅ ㅈ 하는 주민이 20명밖에 안 된다.

4. 이사를 간 친구에게 선물을 보내고 싶었지만 ㅈ ㅅ 를 몰라 보내지 못했다.

어휘 확장하기

- **음은 같지만 뜻이 다른 한자**

主 주인 주 · 임금 주 · 심지 주	住 살 주
주인, 민주주의, 주제, 주장	주택, 주소, 주민, 원주민, 거주지

정답 1. 이주 2. 거주지 3. 상주 4. 주소

10 問 물을 문

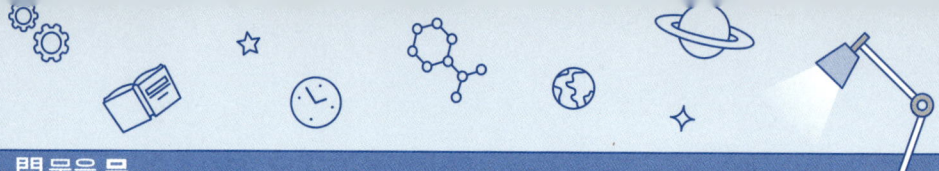

問 물을 문

- 문의
- 자문
- 반문
- 검문
- 학문
- 문항
- 설문지

- **문의** 모르거나 궁금한 것을 일정한 상대에게 물어서 의논함
- **자문** 어떤 일을 효율적이고 바르게 처리하기 위해 그 분야에 전문적인 지식을 가진 사람이나 기관에 의견을 물음
- **반문** 상대의 물음에 대답하지 않고 도리어 상대에게 물음
- **검문** 범법자로 의심이 가는 사람을 조사하고 따져 물음
- **학문** 어떤 분야의 지식을 체계적으로 배워서 익힘
- **문항** 서면상의 시험이나 설문 등에서 하나하나의 문제
- **설문지** 어떤 사실을 파악하고 통계적으로 이용하기 위해 일정한 질문 형식으로 작성한 종이

어휘 살펴보기

• **지역 문제** [4 사회]

지역 주민들에게 불편을 주거나 주민들 사이에 일어나는 문제를 '지역 문제'라고 해요. 지역 문제에는 교통 문제, 주거 문제, 환경 문제, 안전 문제 등이 있어요.

지역 문제를 해결할 때 주의할 점

★ 대화와 타협의 과정을 충분히 거친다.
★ 모든 해결 방안의 장단점을 신중히 검토한다.
★ 의견이 좁혀지지 않을 때에는 가장 많은 사람이 선택한 것을 따르지만 소수의 의견도 존중해야 한다.

어휘 적용하기

1. 김 작가는 곤충에 관한 책을 쓰려고 곤충학자에게 ㅈ ㅁ 을 구했다.

2. 도둑이 있다는 신고를 받고 출동한 경찰관이 ㄱ ㅁ 을 실시했다.

3. 선생님께서는 학교 폭력 실태를 조사하기 위한 ㅅ ㅁ ㅈ 를 나누어 주셨다.

4. 친구에게 무슨 과일을 좋아하냐고 물으니 대답은 하지 않고, 나는 무엇을 좋아하냐고 ㅂ ㅁ 했다.

어휘 확장하기

• **愚問賢答(우문현답)**

어리석은 질문에 대한 현명한 대답을 말해요.

• **東問西答(동문서답)**

물음과는 전혀 상관없는 엉뚱한 대답을 말해요.

정답: 1. 자문 2. 검문 3. 설문지 4. 반문

11 村 마을 촌

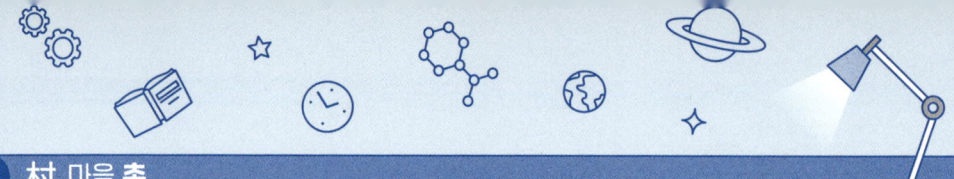

- **향촌** 시골 마을
- **난민촌** 전쟁 등을 피해 다른 지방으로 이주한 피난민들이 모여 임시로 거주하는 마을
- **민속촌** 외래문화의 영향을 입지 않고 예전 민속을 현재까지 간직하고 있는 마을
- **빈민촌** 경제적으로 가난한 사람들이 모여 사는 마을
- **집성촌** 성이 같은 사람들끼리 모여 이룬 마을

어휘 살펴보기

- **촌**락 4 사회

'촌락'은 그 지역의 자연환경과 주민들이 주로 하는 일에 따라 농촌, 어촌, 산지촌으로 나눌 수 있어요.

농촌	마을 사람들이 주로 농사를 짓는 촌락을 말해요. 넓은 들판이 있는 평평한 곳에 자리 잡은 경우가 많으며 벼농사, 과일, 채소 등을 재배하고 강이나 하천 등의 자연환경을 쉽게 볼 수 있어요.
어촌	마을 사람들이 주로 어업을 하며 바닷가에 자리 잡은 촌락을 말해요. 바다, 갯벌, 모래사장 등의 자연환경과 고기잡이, 해산물 양식, 수산물 판매 등의 일을 하는 사람들이 많지요.
산지촌	사람들이 주로 임업을 하고 살아가며 산이 많은 곳에 자리 잡은 촌락을 말해요. 높은 산, 울창한 숲이 있는 경우가 많고 목장 운영, 버섯 재배, 캠핑장 운영 등의 일을 하는 사람들이 많아요.

- **지구**촌 5 사회

온 인류가 서로 쉽게 왕래하고 통신할 수 있는 세상이라는 뜻으로, 지구를 한마을로 생각하여 쓰는 말이에요.

어휘 적용하기

1. 충남 아산에는 맹 씨들이 모여 사는 맹 씨 ㅈ ㅅ ㅊ 이 있어.
2. 나는 시골 사람들이 이웃들과 정답게 지내는 ㅎ ㅊ 의 분위기가 정말 좋아.
3. 러시아와 우크라이나 전쟁으로 어린이들이 ㄴ ㅁ ㅊ 에 살게 되었다.
4. ㅁ ㅅ ㅊ 에 가면 옛 조상님들의 생활 모습을 알 수 있대.

12 生 날 생

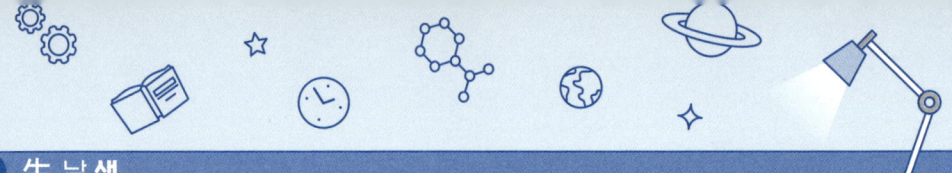

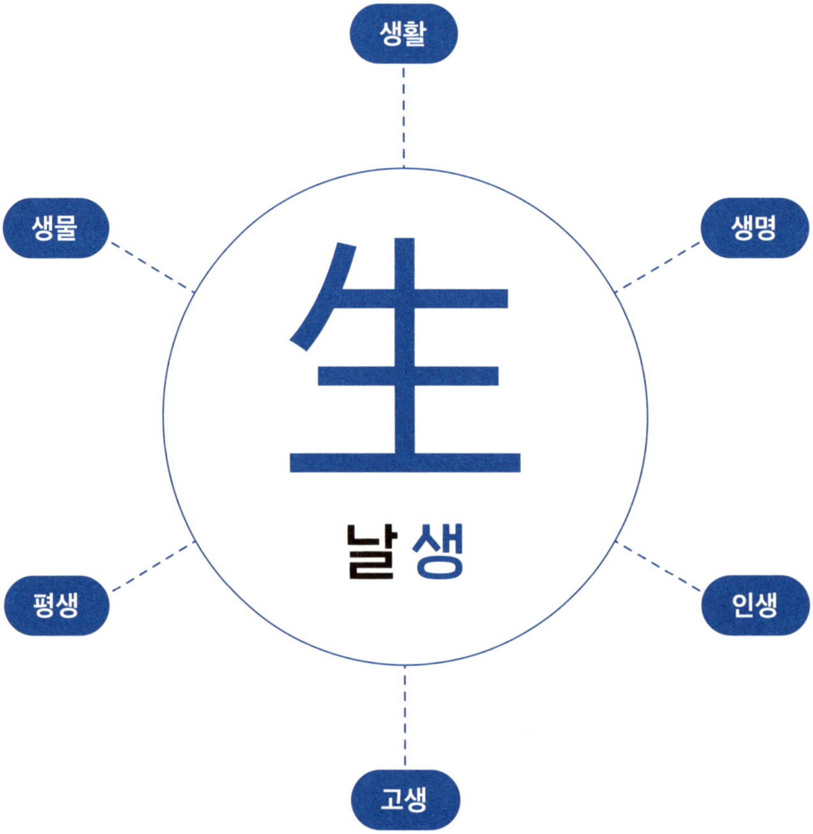

- **생활** 생명이 있는 동안 살아서 경험하고 활동함
- **생명** 유기체가 태어나서 죽을 때까지 살아 있는 상태
- **인생** 사람이 세상을 살아가는 일
- **고생** 어렵고 고된 일을 겪음
- **평생** 사람이 태어나서 죽을 때까지 살아 있는 동안
- **생물** 생명을 가지고 스스로 살아가는 것

어휘 살펴보기

• **생산** [4 사회]

생활에 필요한 물건을 만들거나 우리 생활을 편리하고 즐겁게 해 주는 활동을 말해요.

생산 활동	★ 필요한 것을 자연에서 얻는 활동 (예) 농사, 고기잡이 ★ 필요한 것을 만드는 활동 (예) 물건을 만드는 것 ★ 생활을 편리하고 즐겁게 해 주는 활동 (예) 인기 가수의 콘서트, 선생님이 수업을 제공하는 것, 미용실에서 머리를 손질해 주는 것 등과 같이 서비스를 제공하는 활동

* 소비: 생산한 것을 구매하여 사용하는 활동을 '소비'라고 해요.

어휘 적용하기

1. 고생 •   • ① (   )을 살다 보면 즐거운 날도 힘든 날도 있겠지.
2. 평생 •   • ② 나는 초등학교 3학년 때 담임 선생님을 (   ) 잊지 못할 거야.
3. 인생 •   • ③ 지구에 살고 있는 모든 (   )을 소중히 대해야 해.
4. 생물 •   • ④ 괜히 무거운 가방을 메고 와서 하루 종일 (   )했네.

어휘 확장하기

• **起死回生(기사회생)**

거의 죽을 뻔하다가 도로 살아나는 것을 말해요.

• **生老病死(생로병사)**

인간이라면 누구나 겪어야 하는 태어나고, 늙고, 병들고, 죽는 네 가지 고통을 말해요.

정답 1.④ 2.② 3.① 4.③

13 低 낮을 저

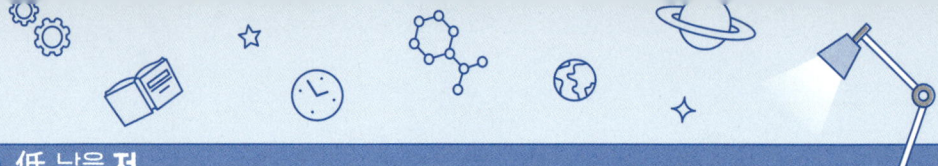

低 낮을 저

- 저질
- 저학년
- 저소득층
- 저지대
- 저예산
- 중저가

- **저질** 기준보다 낮은 품질
- **저학년** 낮은 학년
- **저소득층** 소득과 소비의 수준이 낮은 계층
- **저지대** 주변의 다른 지역보다 높이가 낮은 지대
- **저예산** 적은 예산
- **중저가** 보통의 경우보다 조금 싼 상품의 가격

- **저출산** 4 사회

아이를 적게 낳아 출산율이 감소하는 현상을 '저출산'이라고 해요. 우리나라는 세계에서 가장 출산율이 낮은 저출산 국가예요. 저출산이 계속되면 인구가 줄어들어 사회적 문제로 이어질 수 있어요.

저출산을 극복하기 위한 노력

★ 아이를 키우는 데 필요한 비용을 나라에서 지원한다.

★ 육아 휴직을 자유롭게 사용할 수 있도록 회사에서 지원한다.

★ 보육 시설을 늘려 부모의 부담을 덜어 준다.

- **최저 임금** 6 사회

근로자에게 그 아래로 줘서는 안 된다고 정한 시간당 받는 돈의 액수를 말해요. 일하는 사람들이 정당한 대가를 받을 수 있도록 1시간 일하면 최저 임금만큼은 주어야 된다고 정해 놓은 것이지요. 최저 임금은 매년 최저 임금 심의 위원회에서 정하는데 2024년의 최저 임금은 시간당 9,860원이에요.

어휘 적용하기

1. 비싼 명품 옷보다 ㅈ ㅈ ㄱ 옷을 사는 것이 합리적이라고 생각해.

2. 이 영화는 핸드폰 하나로 찍은 ㅈ ㅇ ㅅ 영화지만 작품성은 훌륭해.

3. 동생도 이제 4학년이니 더 이상 ㅈ ㅎ ㄴ 이 아니야.

4. 홍수가 나면 ㅈ ㅈ ㄷ 부터 물에 잠겨.

- **東高西低(동고서저)**

우리나라 지형의 형태를 말할 때 쓰이는 표현으로, 동쪽 지역은 높고 서쪽 지역은 낮은 것을 말해요. 우리나라는 동쪽으로 태백산맥이 뻗어 있어 동쪽은 높고, 서쪽으로 갈수록 낮고 평평하지요.

14 高 높을 고

高 높을 고

- 고혈압
- 고학년
- 고등학교
- 고속 도로
- 최고봉
- 고위층
- 고급

- **고혈압** 표준이나 정상치보다 높은 혈압
- **고학년** 높은 학년
- **고등학교** 중학교를 마치고 가는 학교
- **고속 도로** 매우 빠른 속도로 달릴 수 있게 만든 차량 전용 도로
- **최고봉** 가장 높은 봉우리
- **고위층** 높은 지위나 직책에 있는 계층
- **고급** 물건이나 품질의 수준이 높은 것

• **고령화** 4 사회

'고령화'는 전체 인구에서 차지하는 65세 이상 노인의 비율이 높아지는 현상을 말해요. 의학 기술이 발달해서 수명은 늘어나는 데에 반해 젊은 사람들은 아이를 낳지 않아서 노인은 늘고 아이들은 줄어 생기는 인구 구조를 '고령화 사회'라고 합니다. 65세 이상의 인구가 전체 인구의 7퍼센트를 넘으면 고령화 사회, 14퍼센트를 넘으면 고령 사회, 20퍼센트가 넘으면 초고령 사회로 구분해요. 우리나라는 고령화 사회를 지나 고령 사회로 진입했고요. 그래서 노인 대학, 노인 복지관 등 실버 산업이 발달하고 있어요. 또한 노인들에게 일자리를 제공하고, 혼자 생활하기 어려운 노인들을 위한 복지 정책을 늘려야 한다는 목소리가 커지고 있어요.

인구 구조 그래프

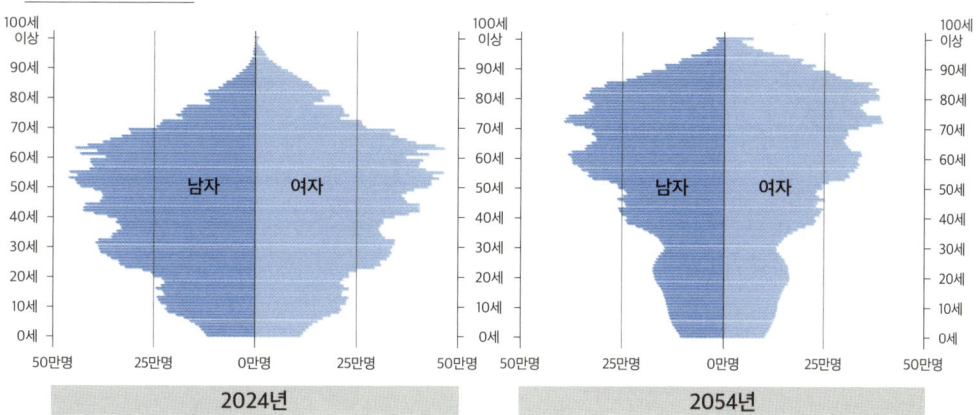

1. 3학년 때까지는 수학이 정말 쉬웠는데 ㄱ ㅎ ㄴ 이 되니 문제가 어려워졌어.

2. 지리산의 ㅊ ㄱ ㅂ 인 천왕봉까지 올라 보고 싶어.

어휘 확장하기

• **天高馬肥(천고마비)**

하늘이 높고 말이 살찐다는 뜻으로, 하늘이 맑아 높게 보이고 온갖 곡식이 익어 가는 가을철을 이르는 말이에요.

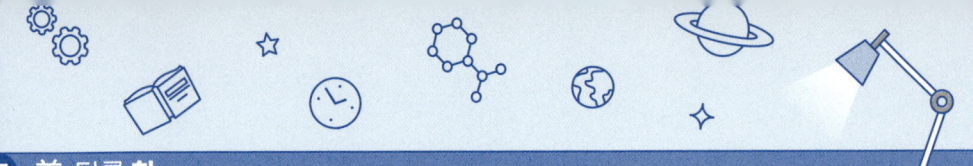

15 差 다를 차

- 차이점
- 시차
- 일교차
- 격차
- 오차
- 무차별
- 편차

差 다를 차

- **차이점** 어떤 대상들끼리 비교했을 때 서로 다른 점
- **시차** 지구상의 두 지점 사이에 생기는 시간의 차이
- **격차** 빈부, 임금, 기술 수준 등의 동떨어진 차이
- **편차** 일정한 기준에서 벗어난 정도나 크기
- **무차별** 이것저것 가리지 않고 마구잡이임
- **오차** 실제 계산한 값과 이론적으로 정확한 값과의 차이
- **일교차** 하루 동안에 관측된 기온의 최댓값과 최솟값

- **차별** 4 사회

  대상을 구별하여 다르게 대우하는 것을 '차별'이라고 해요. 이런 차별은 편견에서 오는 경우가 많아요. 대표적인 차별로는 남녀 차별, 인종 차별, 빈부 차별 등이 있지요.

- **편견** 4 사회

  나와 다르고 익숙하지 않은 것에 대한 공정하지 못하고 한쪽으로 치우친 생각을 말해요.

  문화적 편견

  어떤 문화는 옳고 어떤 문화는 그르다고 생각하는 것을 '문화적 편견'이라고 해요. 다양한 문화가 확산되면서 이런 문화적 편견이 생기기도 하지요. 다문화 사회를 살아가는 우리는 이런 문화적 편견을 갖지 않도록 노력해야 해요.

1. 의자를 바꾸었는데 이전에 쓰던 것과 ㅊ ㅇ ㅈ 을 모르겠어.

2. 러시아가 우크라이나에게 ㅁ ㅊ ㅂ 공격을 퍼부었대.

3. 요즘처럼 아침은 춥고 낮에는 더운 ㅇ ㄱ ㅊ 가 큰 시기에는 감기에 걸리기 쉬워.

4. 방학 동안 미국에 다녀왔더니 ㅅ ㅊ 적응이 무척 힘드네.

- **千差萬別(천차만별)**

  여러 가지 사물이 모두 차이가 있고 구별이 있다는 뜻이에요.

- **男兒 選好 思想(남아 선호 사상)**

  옛날에 여자아이보다 남자아이를 더 원하던 사상을 '남아 선호 사상'이라고 해요. 대표적인 차별의 형태라고 할 수 있지요.

정답: 1. 차이점 2. 무차별 3. 일교차 4. 시차

16 世 인간 세, 대 세

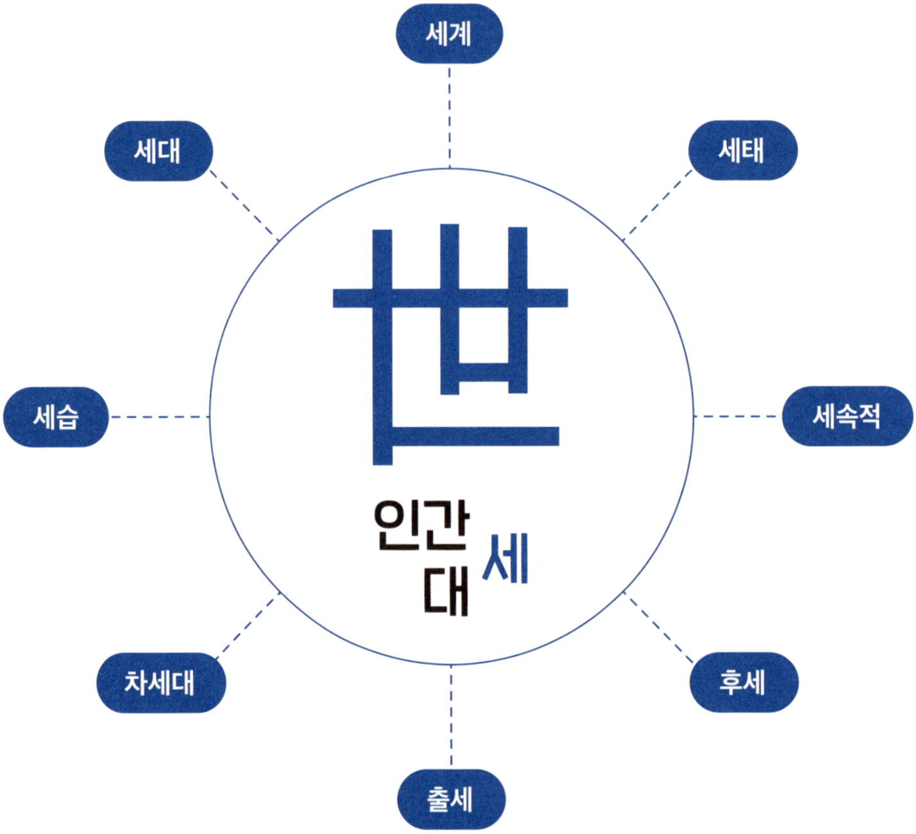

- 세계
- 세대
- 세태
- 세습
- 세속적
- 차세대
- 후세
- 출세

世 인간 대 세

- **세계** 지구 위의 모든 나라
- **세태** 사람들의 일상이나 문화에서 보이는 세상의 상태와 형편
- **세속적** 세상의 일반적인 풍습에 따르는 것
- **후세** 다음에 오는 세대의 사람들 또는 시대
- **출세** 사회적으로 높은 지위나 신분에 오르거나 유명하게 됨
- **차세대** 지금 세대가 지난 다음의 세대
- **세습** 재산, 신분 등을 한 집안에서 자손 대대로 물려받음
- **세대** 같은 시대에 살면서 공통의 의식을 가지는 비슷한 연령층의 사람들

- **세계화** `4 사회`

교통과 통신의 발달로 세계 여러 나라가 국경을 넘어 다양한 분야에서 교류하면서 전 세계가 하나로 연결되는 현상을 말해요. 세계화로 나라 간 교류가 많아져 다른 나라에서 생산된 물건을 쉽게 살 수 있고 다양한 문화를 접하기도 쉬워졌지요. 하지만 세계화로 인해 지역의 고유한 문화가 약해지고 있다는 아쉬움도 있어요.

세계화에 대비하기 위한 태도
★우리 것을 소중히 여기고 발전시킨다.
★다른 나라의 문화를 존중한다.

1. 옛날 왕들은 자신의 아들에게 왕위를 ㅅ ㅅ 했다.
2. ㅅ ㄷ 간의 갈등은 대화로 풀어야 한다.
3. ㅊ ㅅ ㄷ 자동차는 하늘을 나는 자동차가 될 것이다.
4. 고향을 떠나 열심히 일을 했던 사람들이 ㅊ ㅅ 해서 돌아왔다.

- **絶世美人(절세미인)**
세상에서 견줄 만한 사람이 없을 정도로 빼어나게 아름다운 사람을 뜻해요.
우리 엄마는 동네에서 소문난 **절세미인**이었다.

- **隔世之感(격세지감)**
오래지 않은 동안에 몰라보게 변하여 아주 다른 세상이 된 것 같은 느낌을 말해요.
오랜만에 찾은 고향이 너무 발전하여 **격세지감**을 느꼈다.

정답 1. 세습 2. 세대 3. 차세대 4. 귀세

17 地 땅 지

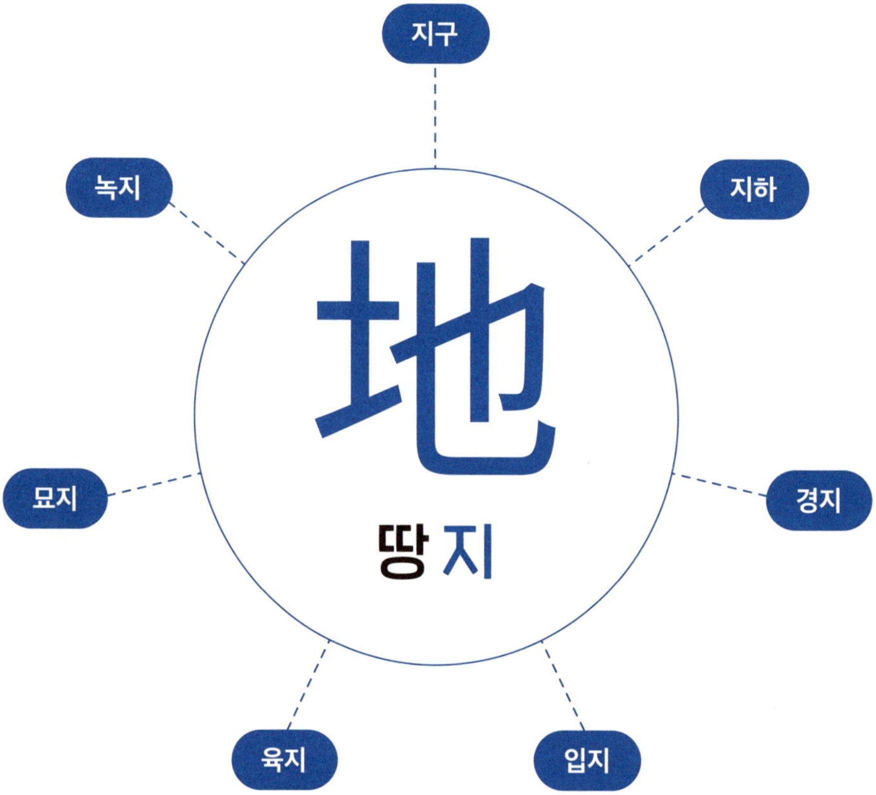

- 지구
- 지하
- 녹지
- 경지
- 묘지
- 육지
- 입지

地 땅 지

- **지구** 태양에서 셋째로 가까운 행성이자, 인류가 살고 있는 곳
- **지하** 땅속이나 땅속을 파고 만든 구조물의 공간
- **경지** 정신이나 몸, 기술 따위가 도달해 있는 일정 수준 이상의 단계나 상태
- **입지** 개인이나 단체가 차지하고 있는 지위, 적합한 장소나 지역
- **육지** 지구에서 바다와 강 등 물이 있는 곳을 제외한 부분
- **묘지** 송장이나 유골을 묻고 봉분이나 비석을 세운 곳
- **녹지** 풀과 나무가 우거진 곳

어휘 살펴보기

• **지층** 4 과학

자갈, 모래, 진흙 등의 퇴적물이 층층이 쌓이고 굳어져 만들어진 '지층'은 주로 산기슭이나 바닷가의 절벽 등지에서 볼 수 있어요. 보통 여러 개의 층으로 이루어져 있고, 층의 두께나 색깔이 모두 달라요. 지층은 수평인 모양, 휘어진 모양, 끊어진 모양 등으로 구분할 수 있어요.

수평 모양

휘어진 모양

끊어진 모양

어휘 적용하기

1. 육지 •   • ① 살 집을 정할 때에는 (　　)를 잘 선택해야 한다.
2. 묘지 •   • ② (　　)였던 곳을 지나가려니 으스스한 기분이 들었다.
3. 녹지 •   • ③ 바다 거북이와 땅에 사는 (　　) 거북이는 발 모양이 다르다.
4. 입지 •   • ④ (　　)가 많은 곳에 살고 싶어서 공원 옆으로 이사했다.

어휘 확장하기

• **땅과 관련된 속담**

★ **땅을 치다** 몹시 분하고 애통할 때 쓰는 표현이에요.

★ **땅에 떨어지다** 명예나 권위가 회복하기 어렵게 손상되었다는 뜻이에요.

★ **코가 땅에 닿다** 머리를 깊이 숙인다는 뜻이에요.

★ **땅 짚고 헤엄치기** 아주 쉬운 일을 비유적으로 이르는 말이에요.

★ **비 온 뒤에 땅이 굳어진다** 비에 젖은 흙이 마르면서 단단하게 굳어진다는 뜻으로, 시련을 겪은 뒤에 더 강해진다는 뜻으로 쓰여요.

정답 1. ③ 2. ② 3. ① 4. ④

18 石 돌 석

- 보석
- 석유
- 암석
- 석탑
- 대리석
- 자석
- 비석
- 초석

石 돌 석

- **보석** 아름다운 빛깔과 광택을 지니며 쉽게 변하지 않는 단단하고 희귀한 돌
- **석유** 땅속에서 천연으로 나는 가연성(불에 잘 타는 성질) 기름
- **암석** 지각을 구성하는 천연 광물로, 부피가 매우 큰 돌
- **석탑** 돌로 쌓은 탑
- **대리석** 석회암이 높은 열과 강한 압력을 받아서 변질된 돌
- **자석** 철을 끌어당기는 성질이 있는 물체
- **비석** 무덤에 묻힌 사람의 이름이나 업적을 알리기 위해 돌에 글을 새겨 세우는 것
- **초석** 건물의 기초를 튼튼히 하기 위해 기둥 밑에 괴는 돌, 또는 어떤 것의 기초가 되는 것

어휘 살펴보기

- **화석** 4 과학

  옛날에 살았던 생물의 몸체나 흔적이 암석이나 지층 속에 남아 있는 것을 '화석'이라고 해요. 동물의 뼈나 식물의 잎과 같은 생물의 몸체뿐 아니라 동물의 발자국과 같은 생물의 흔적도 화석이 될 수 있어요. 우리는 화석을 통해 (1)옛날에 살았던 생물의 크기나 생김새, (2)화석 속 생물의 생활 모습이나 살았던 곳의 환경, (3)지층이 쌓인 시기나 지층이 쌓인 당시의 환경을 알 수 있어요.

- **석기 시대** 3 사회

  돌을 이용하여 도구를 만들어서 사용하던 시대를 말해요.

구석기 시대	★ 돌을 깨뜨려 도구를 만들던 시대 ★ 먹을 것을 얻기 위해 장소를 옮겨 다니며 동굴에서 생활을 했어요. ★ 나무 열매를 따 먹거나 동물을 사냥해 잡아먹었어요.
신석기 시대	★ 돌을 갈아서 도구를 만든 시대 ★ 강가나 해안가에 모여 살며 물고기를 잡아먹었어요. ★ 한곳에 머물러 살며 가축을 기르고 농사를 지었어요.

어휘 확장하기

- **他山之石(타산지석)**

  다른 산의 나쁜 돌이라도 자신의 산의 옥돌을 가는 데에 쓸 수 있다는 뜻으로, 다른 사람의 나쁜 행동을 보고 자신을 돌아볼 때 쓰이는 표현이에요.

- **一石二鳥(일석이조)**

  돌 한 마리로 두 마리 새를 잡는다는 뜻으로, 한 가지 일로 두 가지 이상의 이득을 얻을 때 쓰는 표현이에요.

19 巖 바위 **암**

- **암석** 지각을 구성하는 천연 광물로, 부피가 매우 큰 돌
- **용암** 화산의 분화구로부터 분출한 마그마
- **암벽** 깎아지른 듯이 높이 솟아 벽과 같이 된 바위
- **암반수** 땅속의 큰 바위 아래에 있는 물
- **암각화** 바위의 면을 칠하거나 쪼아서 새긴 그림

어휘 살펴보기

- **퇴적암** [4 과학]

'퇴적암'은 자갈, 모래, 진흙 등의 퇴적물이 쌓인 뒤 단단하게 굳어져 만들어진 암석이에요. 퇴적암은 암석을 이루는 알갱이의 크기에 따라 역암, 사암, 이암으로 구분할 수 있어요.

알갱이의 크기에 따른 퇴적암

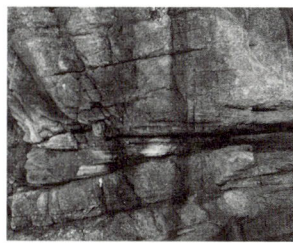
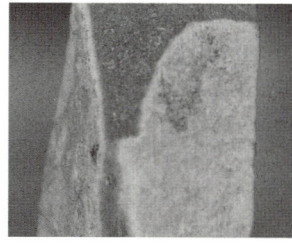

★**역암** 알갱이의 크기가 큰 자갈에 모래나 진흙이 섞여 이루어진 암석.

★**사암** 진흙보다 주로 알갱이의 크기가 큰 모래로 이루어진 암석.

★**이암** 진흙과 같이 작은 크기의 알갱이로 이루어진 암석.

어휘 적용하기

1. 이암 •   • ① 화산의 분화구로부터 분출한 마그마
2. 사암 •   • ② 진흙보다 주로 알갱이의 크기가 큰 모래로 이루어진 암석
3. 역암 •   • ③ 진흙과 같이 작은 크기의 알갱이로 이루어진 암석
4. 용암 •   • ④ 알갱이의 크기가 큰 자갈에 모래나 진흙이 섞여 이루어진 암석

어휘 확장하기

- **奇巖怪石(기암괴석)**

모양이 독특하고 이상한 바위와 돌을 말해요.

- **奇巖絶壁(기암절벽)**

기이하게 생긴 바위와 깎아지른 듯한 낭떠러지를 말해요.

20 植 심을 식

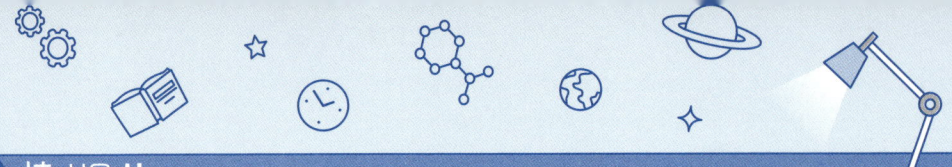

- 식재
- 식목일
- 식수
- 식민지
- 식물인간
- 장기 이식

植 심을 식

*둘 '치'라고 읽고 뜻하기도 해요.

- **식재** 초목을 심어 가꿈
- **식목일** 나무를 많이 심고 가꾸도록 하기 위해 국가에서 정한 날
- **식수** 나무를 심음
- **식민지** 정치, 경제, 군사, 문화적으로 다른 나라의 지휘하에 있어 독립 국가로서의 자주적인 주권을 갖고 있지 않은 나라
- **식물인간** 대뇌의 손상으로 의식과 운동 기능은 없으나 호흡, 소화, 흡수, 순환 등의 작용은 계속되어 생명을 유지하고 있는 상태의 사람
- **장기 이식** 손상된 장기를 떼어 내고 건강한 장기를 옮겨 붙이는 일

어휘 살펴보기

• **식물의 한살이** [4 과학]

씨를 심어 싹이 트고, 자라서 꽃이 피고 열매를 맺었다가 다시 씨가 생기는 과정을 '식물의 한살이'라고 해요. 옥수수, 강낭콩, 나팔꽃과 같은 한해살이 식물은 한 해 동안 싹이 트고 자라 꽃이 피고 열매를 맺은 뒤 일생을 마쳐요. 제비꽃, 감나무, 무궁화 등 여러해살이 식물은 여러 해 동안 죽지 않고 살아가며 꽃이 피고 열매를 맺는 과정을 반복해요. 식물이 자라려면 물과 적당한 온도, 빛이 필요해요.

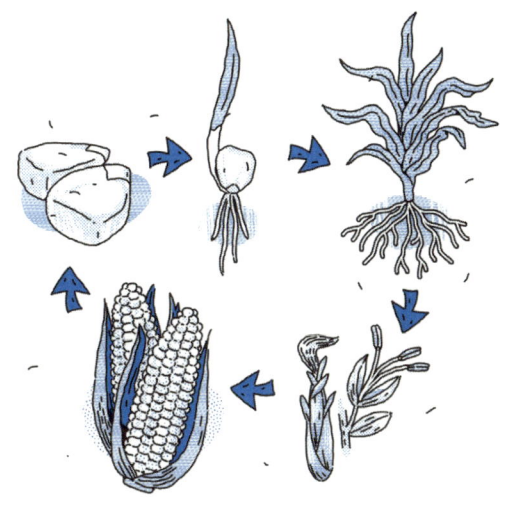

어휘 확장하기

• **식물과 관련된 속담**

★ **될성부른 나무는 떡잎부터 알아본다** '될성부르다'라는 단어는 잘될 가능성이 있어 보인다는 뜻이에요. 떡잎은 씨앗에서 싹이 틀 때 처음 나오는 잎을 말하지요. 잘 자랄 수 있는 나무는 처음 나오는 잎사귀부터 티가 난다는 의미로, 큰 인물이 될 사람은 어려서부터 남다르다는 말이지요.

★ **콩 심은 데 콩 나고 팥 심은 데 팥 난다** 콩 심은 곳에는 콩이 나고, 팥 심은 데는 팥이 나는 것이 당연한 이치이지요. 이처럼 모든 일은 원인에 따라 결과가 결정된다는 뜻이에요.

★ **가뭄에 콩 나듯 한다** 비가 오지 않아 가물었을 때에는 콩이 난 것을 어렵게 볼 수 있어요. 이처럼 어쩌다 한 번, 아주 가끔 일이 생기는 경우에 쓰는 표현이에요.

★ **번갯불에 콩 볶아 먹는다** 번갯불이 번쩍하는 사이에 일을 해치운다는 뜻으로, 일을 너무 빠르게 처리할 때 쓰는 표현이에요.

21 測 헤아릴 측

- 측량
- 실측
- 관측
- 추측
- 억측
- 측우기

測 헤아릴 측

- **측량** 기기를 써서 물건의 높이, 넓이, 방향 등을 재는 것
- **실측** 실제로 측량함
- **관측** 기상, 천문 등의 자연 현상을 관찰하여 그 움직임을 측정함
- **추측** 무엇을 미루어 생각함
- **억측** 근거가 없이 제멋대로 추측함
- **측우기** 조선 세종 23년(1441년)에 세계 최초의 우량계(비의 양을 측정하고 기록하는 기구)

- **측정**

  일정한 양을 기준으로 하여 양이나 크기를 재는 것을 '측정'이라고 해요. 일상생활 속에서 여러 가지 저울을 사용해 무게를 측정하는 것을 볼 수 있어요. 시장이나 마트에서도 채소, 고기 등의 무게를 측정해 가격을 정하지요.

  <u>무게를 측정할 수 있는 다양한 저울</u>

  양팔저울   전자저울   용수철저울

어휘 적용하기

1. 아빠와 나는 요즘 밤마다 별의 움직임을 ㄱ ㅊ 하고 있어.
2. 부모님께서 내 침대를 사 주신다고 내 방의 길이를 ㅅ ㅊ 하셨어.
3. 내가 범인일 거라니 말도 안 되는 ㅇ ㅊ 이야.
4. 세종 대왕님과 장영실이 만든 ㅊ ㅇ ㄱ 는 비가 내린 양을 재는 기구야.

어휘 확장하기

- **駭怪罔測(해괴망측)**

  헤아릴 수도 없을 만큼 몹시 괴상한 것을 뜻해요.

- **티끌 모아 태산**

  작은 것이라도 모이고 모이면 나중에 큰 것이 된다는 뜻이에요.

- **밑 빠진 독에 물 붓기**

  밑이 빠진 독에 몇 시간에 걸쳐 물을 부어 본들 양이 차지 않아요. 마찬가지로 노력이나 시간 등을 들여도 보람 없는 일을 나타내는 말이에요.

정답 / 1. 관측 2. 실측 3. 억측 4. 측우기

22 平 평평할 평

- 평화
- 불평
- 평일
- 평등
- 형평
- 수평선
- 평균

平 평평할 평

*다스릴 '편'으로 읽고 뜻하기도 해요.

- **평화** 전쟁이나 갈등이 없이 평온하고 화목함
- **불평** 마음에 차지 않아 못마땅하게 여김
- **평일** 주말이나 명절, 공휴일이 아닌 보통의 날
- **평등** 권리나 의무, 자격 등이 차별 없이 고르고 한결같음
- **형평** 한쪽으로 치우치지 않고 균형이 맞음
- **수평선** 하늘과 바다가 멀리 맞닿아 경계를 이루는 선
- **평균** 여러 수치나 양의 중간값

- **평행** `4 수학`

    한 직선에 수직인 두 직선을 그었을 때, 두 직선은 서로 만나지 않아요. 이렇게 서로 만나지 않는 두 직선을 '평행'하다고 해요. 그리고 평행한 두 직선을 '평행선'이라고 하지요.

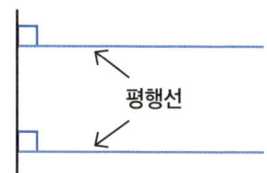

- **평면 도형** `3 수학`

    평면에 그려진 입체적이지 않은 도형을 '평면 도형'이라고 해요. 평면 도형에는 선, 각, 삼각형, 사각형, 원 등이 있어요.

- **수평** `3 과학`

    물체가 어느 한쪽으로 기울어지지 않고 평형을 이루고 있는 상태를 '수평'이라고 해요. 양팔저울은 수평 잡기의 원리를 이용하여 무게를 재는 저울이에요. 양팔저울의 한쪽 저울 접시에 물체를 올려놓고, 다른 쪽 저울 접시에 클립을 올려놓은 뒤 그 개수를 세면서 무게를 비교할 수 있어요.

1. 평일 •   • ① 전쟁이 어서 끝나고 (   )가 찾아오면 좋겠다.
2. 평등 •   • ② 예지는 항상 (   )이 많고 투덜거린다.
3. 불평 •   • ③ 우리 반 선생님은 늘 모두를 (   )하게 대하신다.
4. 평화 •   • ④ 나는 주말보다 학교에 가는 (   )이 더 좋아.

- **天下太平(천하태평)**

    온 세상이 태평하다는 뜻으로, 세상이 잘 다스려져 평화롭다는 의미예요. 또 한편으로는 성질이 느긋하여 세상 물정을 모르는 사람을 가리키는 말이기도 하지요.

23 合 합할 **합**

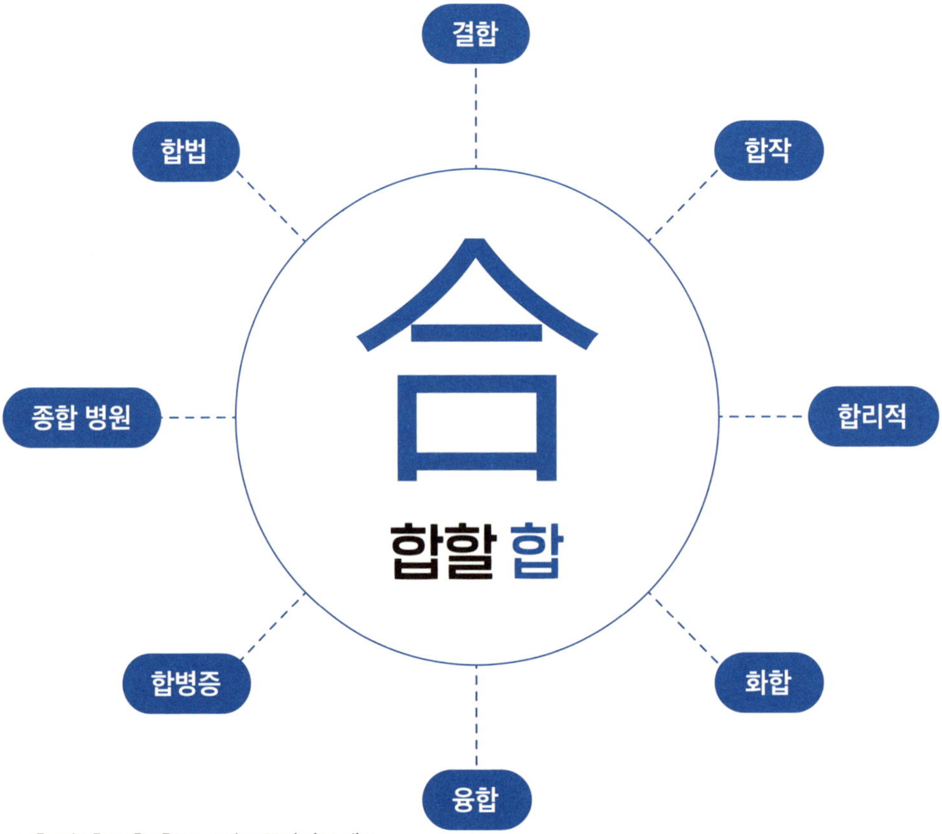

- 결합
- 합작
- 합법
- 합리적
- 종합 병원
- 화합
- 합병증
- 융합

合 합할 합

*홉 '갑' 혹은 홉 '홉'으로 읽고 뜻하기도 해요.

- **결합** 두 대상이 관계를 맺어 뭉치거나 합침
- **합작** 일정한 목표를 달성하기 위하여 여럿이 힘을 합함
- **합리적** 이치나 논리에 합당한 것
- **화합** 서로 간에 마음이나 뜻을 모아 화목하게 어울림
- **융합** 둘 이상의 사물을 서로 섞거나 조화시켜 하나로 합함
- **합병증** 어떠한 질병에 관련하여 곁들여 일어나는 다른 질병
- **종합 병원** 여러 가지 진료 과목을 고루 설치하고 그에 따른 인력 및 장비를 갖춘 병원
- **합법** 어떤 일이 법령이나 규범에 맞음

- **혼합물** 4 과학

  두 가지 이상의 물질이 본연의 성질을 그대로 지닌 채 서로 섞인 것을 '혼합물'이라고 해요. 혼합물은 물질의 성질이 변하지 않고 섞여 있기 때문에 분리할 수 있어요.

혼합물	분리 방법
바닷물	물을 증발시켜서 소금과 물을 분리할 수 있어요.
철가루와 모래	자석에 붙는 성질을 이용하여 분리할 수 있어요.
콩, 쌀, 좁쌀	알갱이의 크기 차이를 이용하여 체로 분리할 수 있어요.

- **합동** 5 수학

  모양과 크기가 같아서 포개었을 때, 완전히 겹치는 두 도형을 서로 '합동'이라고 해요. 서로 합동인 두 도형을 포개었을 때 완전히 겹치는 점을 대응점, 겹치는 변을 대응변, 겹치는 각을 대응각이라고 해요. 서로 합동인 두 도형은 대응변의 길이와 대응각의 크기가 각각 같아요.

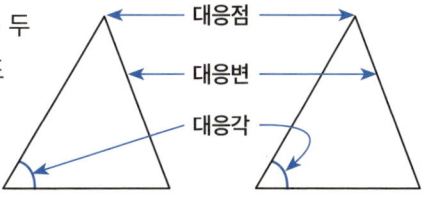

어휘 적용하기

1. 교실 뒤에 걸려 있는 미술 작품은 우리 반 학생들이 ㅎ ㅈ 하여 완성한 그림이다.
2. 우리 반 청소 문제를 ㅎ ㄹ ㅈ 으로 해결할 방법이 무엇일지 생각해 보았다.
3. 당뇨병은 ㅎ ㅂ ㅈ 이 쉽게 생기는 질병이기 때문에 조심해야 한다.
4. 우리 가족은 언제나 화목하고 ㅎ ㅎ 이 잘 된다.

정답 1. 합작 2. 합리적 3. 합병증 4. 화합

상급편

상급 편에서는 5학년 교육 과정에 주로 등장하는 한자를 소개합니다. 음은 다르지만 뜻이 같은 한자, 음은 같지만 뜻이 다른 한자, 반대 뜻을 가진 한자 등을 함께 알아봄으로써 어휘를 확장해 보아요.

1 共 함께 공

共
함께 공

- 공유
- 공존
- 공생
- 공통점
- 공동 구매
- 공동체

- **공유** 두 사람 이상이 한 물건을 공동으로 소유하거나 이용함
- **공존** 서로 도와서 함께 존재함
- **공생** 서로 도우며 함께 삶
- **공통점** 둘 이상 사이에서 두루 같거나 통하는 요소
- **공동 구매** 여러 명의 소비자가 모여 단체로 물건을 구매하는 일
- **공동체** 운명이나 생활, 목적 등을 같이하는 두 사람 이상의 조직체

어휘 살펴보기

• **공감** 5 국어

다른 사람의 감정, 의견, 주장에 대해 자신도 그렇다고 느끼는 것을 '공감'이라고 해요. 다른 사람의 입장을 생각하면서 글을 읽으면 글 속 주인공의 이야기에 공감할 수 있어요.

어휘 적용하기

1. 어린이들의 고민을 담은 그 책은 초등학생들의 ㄱㄱ 을 불러일으켰다.
2. 말미잘과 흰동가리는 서로 돕고 사는 ㄱㅅ 관계이다.
3. 엄마는 농산물을 이웃들과 ㄱㄷㄱㅁ 하면 더 저렴하게 살 수 있다셨다.
4. 나는 우리 아빠와 ㄱㅌㅈ 이 많다.

어휘 확장하기

• **自他共認(자타공인)**

자기나 남이 다 같이 인정한다는 뜻으로, 누구나 인정하는 확실함을 이르는 말이에요.

시경이는 **자타공인** 우리 학교에서 가장 빠른 달리기 선수야.

• **음은 같지만 뜻이 다른 한자**

公 공평할 공	空 빌 공	共 함께 공
공평, 공익, 공무원 (지구의) 공전	공항, 공기, 공간, 허공	공감, 공존, 공생, 공통점

정답 ∥ 1. 공감 2. 공생 3. 공동구매 4. 공통점

2 助 도울 조

助 도울 조

- 구조
- 조력
- 협조
- 보조
- 조연
- 조수
- 외조
- 부조금

* 없앨 '서'라고 읽고 뜻하기도 해요.

- **구조** 재난을 당하여 위기에 빠진 사람을 구해 줌
- **조력** 힘을 써 도와줌
- **협조** 힘을 모아 서로 도움
- **보조** 보충하여 도움
- **조연** 주인공을 도와 극을 전개해 가는 사람
- **조수** 일을 보조해서 돕는 사람
- **외조** 남편이 아내를 도와주는 것 혹은 외부로 받는 도움
- **부조금** 남의 결혼이나 장례식 등의 큰일을 돕기 위해서 주는 돈

- **조언** 5 국어

  도움이 되는 말이나 미처 몰랐던 것을 깨우쳐 주는 말을 '조언'이라고 해요. 친구에게 조언을 할 때에는 친구가 받아들일 수 있을 만한 내용을 전하고, 상대방에게 진심이 닿도록 말해야 해요.

1. 구조　　　　　　　① 목욕탕에 불이 나서 소방대원들이 (　　) 활동에 나섰어.
2. 외조　　　　　　　② 나는 그 드라마의 주인공보다 (　　) 배우가 더 좋아.
3. 조연　　　　　　　③ 우리 엄마의 성공은 아빠의 (　　) 덕분이야.
4. 부조금　　　　　　④ 난 친한 친구가 결혼하면 (　　)을 많이 낼 거야.

어휘 확장하기

- **相扶相助(상부상조)**

  서로서로 돕는 것을 말해요. 우리 조상님들은 이웃들과 서로 도우며 마을의 일을 함께 했어요. 그렇게 서로 도우며 사촌 형제나 다를 바 없이 가까운 이웃을 '이웃사촌'이라고도 하지요.

  상부상조의 전통

  ★**품앗이** 힘든 일을 서로 거들어 주면서 품을 지고 갚고 하는 일을 말해요. 여기서 '품'이란 '일'을 말하지요. 주로 농사 일이나 김장을 담글 때에 오늘은 우리 집, 내일은 이웃집에 가서 일을 해주며 서로 돕는 것을 말해요.

  ★**두레** 농민들이 농사일을 공동으로 하려고 만든 마을 단위의 조직을 말해요. 품앗이보다 조금 더 조직적으로 마을 사람들이 모여 서로 돕는 방식이지요.

3 論 논할 론(논)

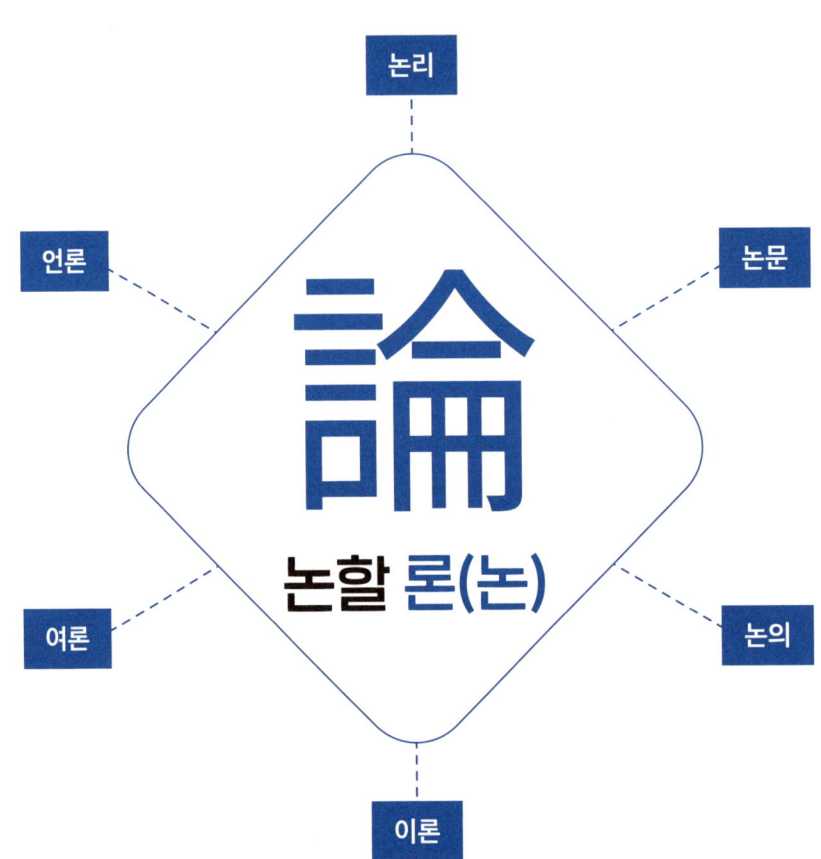

* 조리 '륜(윤)'으로 읽고 뜻하기도 해요.

- **논리** 이치에 맞게 이끌어 가는 과정이나 원리
- **논문** 어떤 것에 관하여 체계적으로 자기 의견이나 주장을 적은 글
- **논의** 어떤 문제에 대하여 서로 의견을 내어 토의함
- **이론** 사물의 이치나 지식을 논리적으로 정연하게 일반화한 체계
- **여론** 사회 대중이 공통적으로 제시하는 의견
- **언론** 신문, 잡지, 방송 등을 통하여 뉴스나 사실을 알리거나 의견과 논의를 전개하여 여론을 형성하는 활동

- **토론** 5 국어

  어떤 문제에 대하여 여러 사람이 각각 의견을 말하여 해결 방법을 논의하는 것을 '토론'이라고 해요. 토론을 할 때에는 자신의 주장이 옳다고 우기기보다 타당한 근거를 들어서 말해야 해요. 또한 나의 의견을 주장하려고 상대방의 기분을 상하게 해서도 안 될 거예요.

- **논설문** 6 국어

  '논설문'은 어떤 주제에 관하여 자기의 생각이나 주장을 쓴 글이에요. 논설문은 글쓴이의 주장과 이를 뒷받침하는 근거로 구성되어 있어요.

  논설문의 짜임

  ★ **서론** 글을 쓴 문제 상황과 글쓴이의 주장을 분명히 밝힌다.

  ★ **본론** 글쓴이의 주장에 대한 근거와 근거를 뒷받침하는 자료를 제시한다.

  ★ **결론** 글 전체를 요약하고 글쓴이의 주장을 다시 한번 강조한다.

1. 채은이의 말은 ㄴ ㄹ 가 정연하여 쉽게 이해된다.

2. 마을에 도서관이 건립되어야 한다는 ㅇ ㄹ 이 형성되었다.

3. 스포츠 스타의 은퇴 소식이 ㅇ ㄹ 의 보도로 알려지게 되었다.

- **甲論乙駁(갑론을박)**

  여러 사람이 서로 자신의 주장을 내세우며 상대편의 주장을 반대하며 말하는 것을 뜻해요.

4 主 주인 주, 임금 주, 심지 주

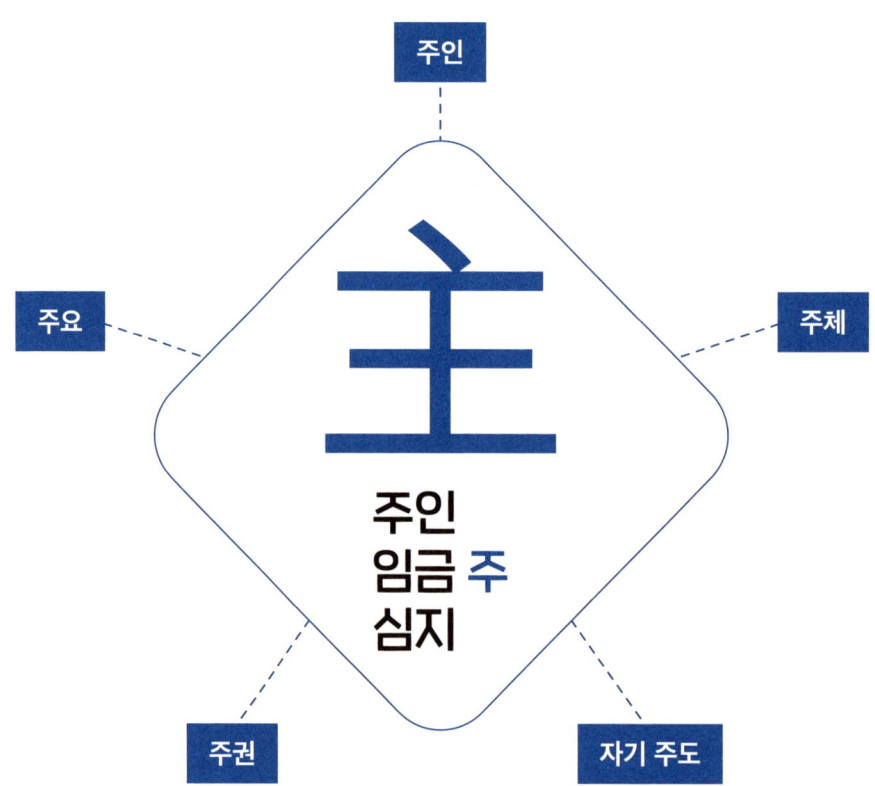

- **주인** 어떤 대상에 대한 소유권을 가지고 있는 사람
- **주체** 어떤 단체나 물건의 주가 되는 부분 혹은 행동의 주가 되는 것
- **자기 주도** 자신의 일을 주동적으로 이끌어 나감
- **주권** 국가의 의사를 최종적으로 결정하는 권력
- **주요** 주되고 중요함

- **주장** 5 국어

  글쓴이가 내세우는 생각을 '주장'이라고 해요. 글쓴이의 주장을 제대로 뒷받침하려면 적절한 근거를 제시해야 해요. 글쓴이의 주장을 파악하는 방법으로는 (1)각 문단의 중심 내용을 확인하여 글쓴이의 의견이 무엇인지 알아보고, (2)글쓴이가 어떤 근거를 제시했는지 살펴봐야 해요.

- **민주주의** 6 사회

  모든 사람이 공동의 문제를 해결하는 과정에 참여할 수 있는 정치 형태로 모든 국민이 국가의 주인으로서 권리를 갖는 정치 형태를 말해요. 학교에서 이루어지는 학급 회의도 민주주의의 사례라고 볼 수 있어요.

  민주주의의 기본 정신

  ★**자유** 다른 사람 또는 국가로부터 부당한 간섭을 받지 않고 자신의 생각대로 결정하고 행동할 수 있는 권리

  ★**평등** 신분, 성별, 인종, 재산 등으로 부당한 차별을 받지 않고, 모든 사람이 동등한 대우를 받을 수 있는 권리

  ★**인간의 존엄성** 모든 인간은 인간이라는 이유만으로 존중받아 마땅함.

1. 길에 떨어진 지갑을 주웠는데 ㅈ ㅇ 을 찾아 주려면 어떻게 해야 하지?
2. 공부는 누가 시켜서 하는 것이 아니라 ㅈ ㄱ ㅈ ㄷ 적으로 해야 해.
3. 영철이는 자기 ㅈ ㅈ 만 내세워서 친구들을 불편하게 해.

- **主客顚倒(주객전도)**

  주인과 손님의 입장이 서로 뒤바뀐다는 뜻으로, 사물의 가벼움과 무거움, 먼저와 나중, 빠름과 느림 따위가 서로 뒤바뀐 것을 이르는 말이에요.

5 根 뿌리 근

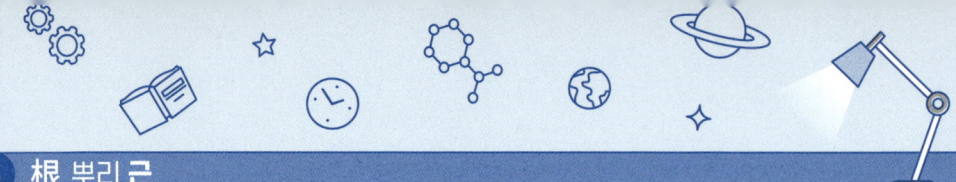

- **근본** 사물이나 생각 등이 생기는 본바탕
- **화근** 재앙을 일으키는 근본 원인
- **근원지** 사물의 근원이 되는 장소
- **근절** 어떤 현상이 다시는 발생할 수 없도록 그 원인을 없애 버림
- **모근** 털이 피부에 박힌 부분
- **근성** 어떤 일을 중간에 포기하지 않고 끝까지 하려고 하는 성질
- **근거지** 어떤 활동의 터전으로 삼는 중요한 장소

- 근거 5 국어

  어떠한 주장을 뒷받침하는 까닭을 '근거'라고 해요. 적절한 근거가 많을수록 내가 펼치는 주장은 더욱 설득력 있게 느껴지겠지요. 따라서 글을 쓰거나 앞에 나가 연설을 할 때에는 내 주장과 관련이 있는 근거를 들었는지, 주장을 제대로 뒷받침할 근거를 제시했는지 생각해야 해요. 또한 객관적인 사실이 아닌 자신의 주관적인 표현이 들어가지 않았는지, 지나치게 모호한 표현이나 단정하는 표현이 쓰이지 않았는지도 일일이 따져 봐야겠죠?

1. 근절 •   • ① 학교 폭력을 (   )하기 위해 캠페인을 벌이고 있다.
2. 모근 •   • ② 무심코 버린 담배꽁초가 (   )이었다.
3. 근성 •   • ③ 빠진 머리카락을 보니 (   )까지 다 뽑혀 있었다.
4. 화근 •   • ④ 수아는 맡은 일을 악바리 (   )으로 끝까지 해냈다.

어휘 확장하기

- 음은 같지만 뜻이 다른 한자

根 뿌리 근	近 가까울 근
근본, 화근, 근거, 근절, 모근	근거리, 친근감, 근대화, 측근, 인근
事實無根(사실무근) 근거가 없거나 터무니없는 이야기를 말해요.	**近墨者黑(근묵자흑)** 먹을 가까이하는 사람은 검어진다는 뜻으로, 나쁜 사람과 가까이 지내면 나쁜 버릇에 물들기 쉬움을 비유적으로 이르는 말이에요.

정답 1.① 2.③ 3.④ 4.②

6 約 맺을 약

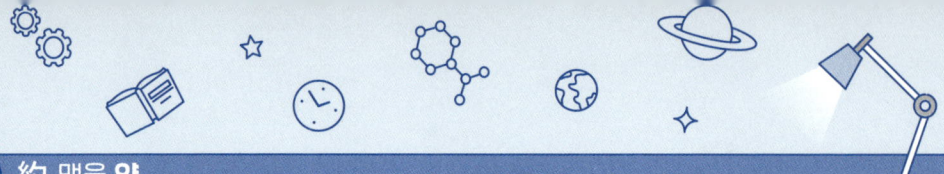

* 부절 '요' 혹은 기러기발 '적'으로 읽고 뜻하기도 해요.

- **약속** 장래의 일을 상대방과 미리 정하여 다짐하는 것
- **계약** 법률적 효과의 발생을 위해 어떤 일에 대하여 지켜야 할 의무를 미리 정함
- **조약** 국가 간의 문서에 의한 명시적 합의
- **제약** 조건을 붙여 제한함
- **절약** 돈이나 물건을 꼭 필요한 데에만 써서 아낌
- **예약** 어떤 것을 확보해 두기 위해 미리 약속함
- **청약** 일정한 계약을 체결하기 위해 신청함

어휘 살펴보기

- **약수** 5 수학

  어떤 수를 나누어 떨어지게 하는 수를 그 수의 '약수'라고 해요. 예를 들어 8을 나누어 떨어지게 하는 수 1, 2, 4, 8은 8의 약수라고 하지요. 두 수의 공통된 약수는 '공약수'라고 하고, 공약수 중에서 가장 큰 수를 '최대 공약수'라고 해요.

  8의 약수 1, 2, 4, 8   12의 약수 1, 2, 3, 4, 6, 12
  8과 12의 공약수 1, 2, 4   8과 12의 최대 공약수 4

- **기약 분수** 5 수학

  분모와 분자의 공약수가 하나뿐인 분수를 '기약 분수'라고 해요. 분모와 분자를 그들의 최대 공약수로 나누면 기약 분수가 돼요.

  $$\frac{6}{12} = \frac{6 \div 6}{12 \div 6} = \frac{1}{2}$$

어휘 적용하기

1. 주민이와 영철이는 이번 주 토요일에 만나기로 ㅇ ㅅ 을 했어.
2. 단체 생활은 개인 생활보다 ㅈ ㅇ 이 많기 마련이야.
3. 나는 용돈을 ㅈ ㅇ 해서 내가 좋아하는 가수의 앨범을 살 거야!
4. 겨울 방학에 제주도에 가려고 비행기표를 미리 ㅇ ㅇ 했어.

어휘 확장하기

- **百年佳約(백년가약)**

  젊은 연인이 부부가 되어 평생을 같이 지낼 것을 굳게 다짐하는 아름다운 언약을 말해요. 그래서 보통 결혼을 '백년가약'이라고 표현하지요.

정답 1. 약속 2. 제약 3. 절약 4. 예약

7 數 셈 수

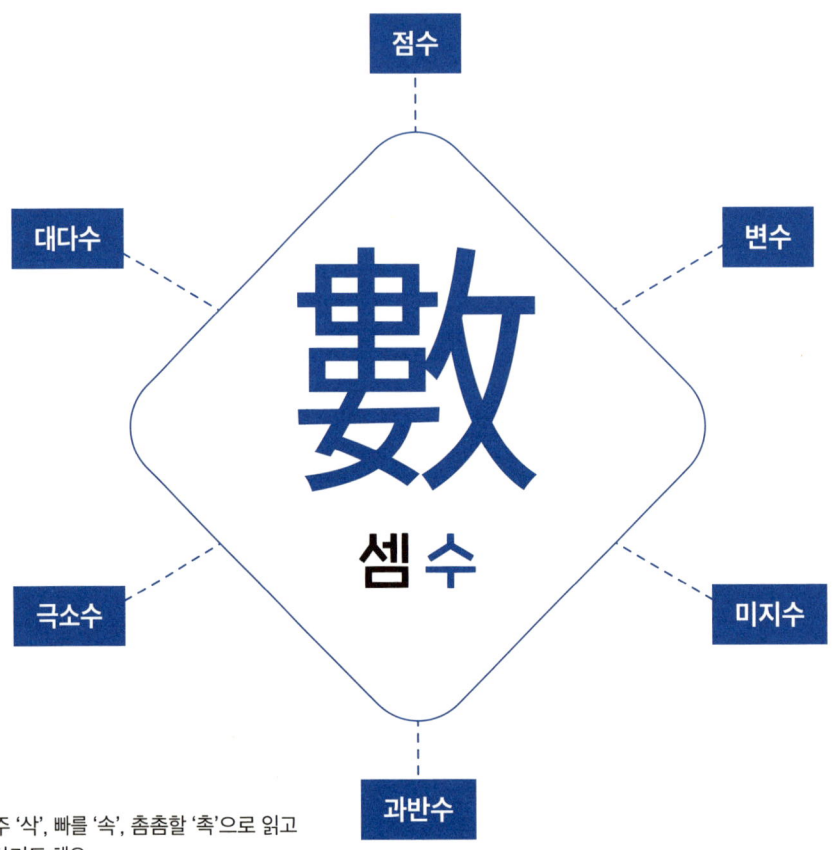

*자주 '삭', 빠를 '속', 촘촘할 '촉'으로 읽고 뜻하기도 해요.

- **점수** 성적을 나타내는 숫자
- **변수** 어떤 정세나 상황의 가변적(바뀌거나 바뀔 수 있는) 요인
- **미지수** 앞으로 어떻게 될지 가늠하거나 판단할 수 없는 일
- **과반수** 절반이 넘는 수
- **극소수** 더할 수 없이 아주 작은 수
- **대다수** 대단히 많은 수

- **배수** `5 수학`

  어떤 수를 1배, 2배, 3배…… 한 수를 그 수의 '배수'라고 해요. 예를 들어 3을 1배, 2배, 3배……로 늘려 가면 값으로 3, 6, 9……가 나오는데, 이를 '3의 배수'라고 해요.

  3의 배수 3, 6, 9, 12, 15, 18, 21, 24……
  4의 배수 4, 8, 12, 16, 20, 24……
  3과 4의 공배수 12, 24……
  3과 4의 최소 공배수 12

- **소수** `3 수학`

  일의 자리보다 작은 자리의 값을 가진 수를 '소수'라고 해요. 전체를 똑같이 10으로 나눈 것 중의 1을 소수로 표현하면 '0.1'이라고 쓰고 '영 점 일'이라고 읽어요.

1. 날씨에 따라 어떤 ㅂ ㅅ 가 생길지 모른다.
2. 최선을 다했지만 어떤 결과가 나올지는 아직 ㅁ ㅈ ㅅ 이다.
3. 회원의 ㄱ ㅂ ㅅ 가 참여를 해야 회의를 열 수 있다.
4. 대부분은 맑은 날씨를 좋아하고, 맑은 날을 싫어하는 사람은 ㄱ ㅅ ㅅ 이다.

어휘 확장하기

- **不知其數(부지기수)**

  헤아릴 수가 없을 만큼 많다는 뜻이에요.

- **幾何級數(기하급수)**

  증가하는 수나 양이 아주 많음을 이르는 말이에요.

8 行 다닐 행

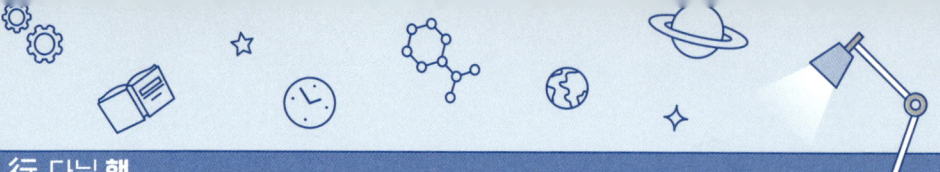

행동 · 행실 · 언행 · 행위 · 기행문 · 실행 · 비행기

行 다닐 행

＊항렬 '항'으로 읽고 뜻하기도 해요.

- **행동** 몸을 움직여 어떤 동작을 행하거나 일을 함
- **행실** 일상생활에서 실제로 드러나는 행동이나 몸가짐
- **행위** 사람이 의지를 가지고 행하는 짓
- **비행기** 날개나 프로펠러가 달려 공중으로 날아서 사람이나 물건을 싣고 나르는 기계
- **실행** 이론이나 규범 및 신념 따위를 실제의 행동으로 옮김
- **기행문** 여행하며 보고, 듣고, 느낀 것을 수필, 일기, 편지 등의 형식을 빌려서 쓴 글
- **언행** 입으로 말하는 것과 몸으로 행하는 것

- **행정 구역** 5 사회

'행정 구역'이란 나라를 효율적으로 관리하기 위해 나눈 지역이에요. 우리나라는 특별시, 광역시, 도 등 넓은 범위의 행정 구역과 시군구 등의 좁은 범위의 행정 구역을 사용하여 국토를 구분해요.

- **행정부** 6 사회

대통령, 국무총리, 행정 각부로 이루어져 법에 따라 국가의 살림을 맡아 하는 곳을 '행정부'라고 해요. 행정부에서는 대통령, 국무총리, 행정 각부의 장과 국무 위원들이 모여 국무 회의를 통해 나라의 중요한 일을 논의해요.

행정부가 하는 일

대통령	행정부의 최고 책임자이자 우리나라 대표로 나라의 중요한 일을 결정해요.
국무총리	대통령을 보좌하고 행정 각부를 관리해요. 대통령이 임무를 수행할 수 없을 때에는 대통령의 임무를 대신하는 역할을 해요.
행정 각부	교육부, 기획 재정부, 과학 기술 정보 통신부, 외교부, 법무부, 국방부, 행정 안전부, 환경부, 국토 교통부 등의 업무를 나누어 맡아 국가의 살림을 수행해요.

1. 언행 •   • ① 이론으로 아는 것보다 (　　　)이 훨씬 중요하다.
2. 실행 •   • ② 아이돌이 되려고 준비하려면 (　　　)을 조심해야 한다.
3. 기행문 •   • ③ 가족여행을 다녀와서 (　　　)을 썼다.

9 島 섬 도

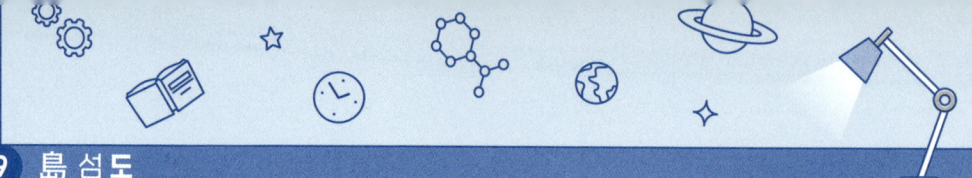

- **제주도** 우리나라 남서 해안에 있는 가장 큰 화산섬
- **삼다도** 여자, 돌, 바람이 많은 섬이라는 뜻으로, 제주도를 이르는 말
- **무인도** 사람이 살지 않는 섬
- **다도해** 전라남도와 대한 해협 사이에 있는 섬이 많은 바다
- **도서 지역** 크고 작은 섬들로 이루어진 지역

어휘 살펴보기

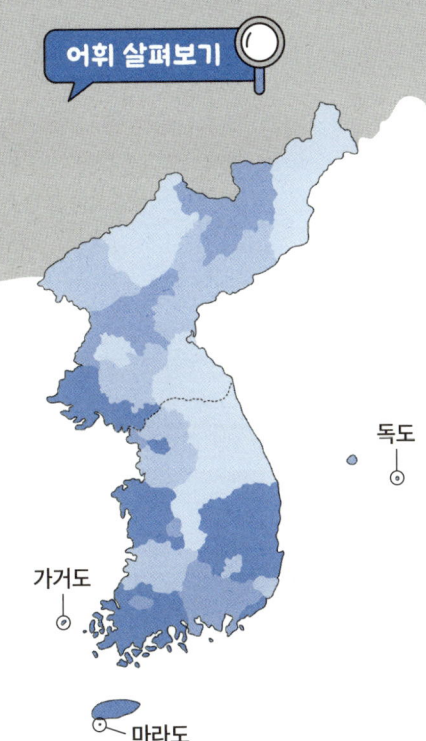

- **반도** 5 사회

삼면이 바다로 둘러싸여 있고 한 면은 육지에 이어진 땅을 '반도'라고 해요. 우리나라는 반도 지형이기 때문에 '한반도'라고 하지요. 우리나라의 영토는 한반도와 주변의 섬으로 이루어져 있어요.

- **독도** 5 사회

경상북도 울릉군 울릉읍 독도리에 있는 섬으로 우리 영토의 동쪽 끝에 위치하는 섬이에요.

- **마라도** 5 사회

우리 영토의 남쪽 끝에 위치하는 섬이에요.

- **가거도** 5 사회

우리 영토의 서쪽 끝에 위치하는 섬이에요.

- **여의도가 섬이라고요?**

여의도는 한강에 위치한 섬이에요. 여의도의 북쪽은 한강이, 남쪽은 샛강이 흐르고 있는 엄연한 섬이지요. 다만 교통이 발달하면서 여러 다리로 연결되어 있어 섬이라는 것을 느끼기 어려울 뿐이에요.

- **나라의 범위를 나타낼 때, 반드시 알아야 할 한자가 있어요!**

領 다르릴 령(영)

領土(영토)	한 나라의 주권이 미치는 땅
領海(영해)	영토와 주변의 바다
領空(영공)	영토와 영해 위에 있는 하늘

10 國 나라 국

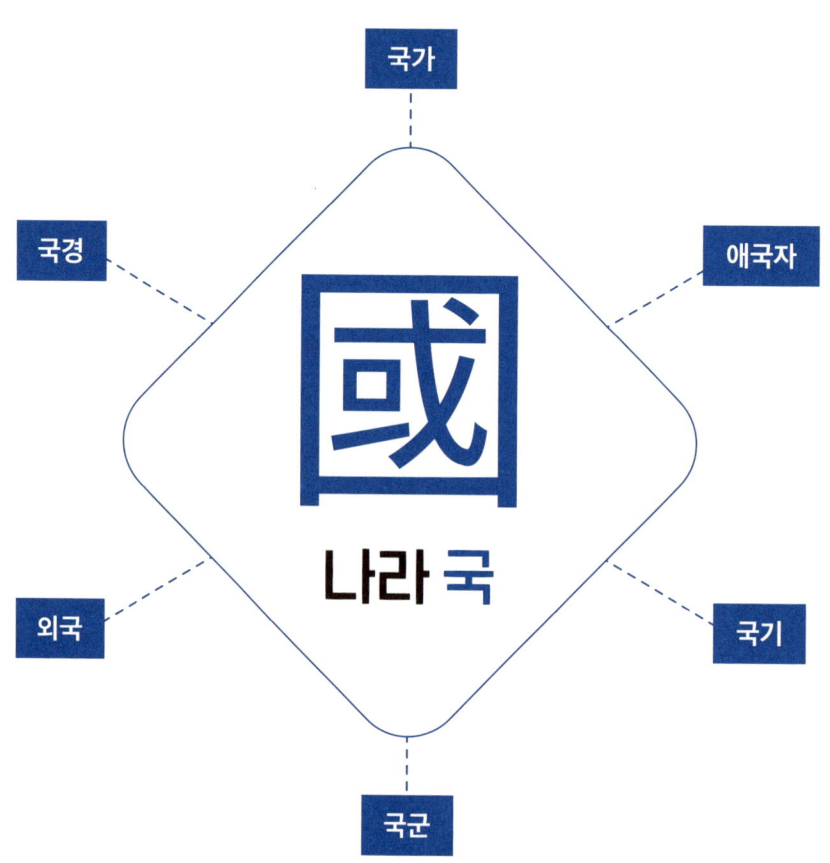

- **국가** 일정한 영토를 보유하며, 거기 사는 사람들로 구성되고, 주권을 가진 집단
- **애국자** 자기 나라를 사랑하는 사람
- **국기** 나라를 상징하는 기
- **국군** 우리나라의 군대와 군인
- **외국** 자기 나라가 아닌 다른 나라
- **국경** 나라와 나라 사이의 경계

- **국토** `5 사회`
'국토'란 한 나라의 통치권이 미치는 지역을 말해요. 우리 국토는 우리가 살아가는 공간이며 후손에게 물려줘야 하는 터전이지요. 국토가 없으면 국가와 국민이 살아가기 어려워요. 따라서 우리는 외부의 침입으로부터 국토를 지키고 가꾸어야 해요.

- **국어** `3 국어`
'국어'는 한 나라의 국민이 쓰는 말로 우리나라의 언어를 뜻해요. 학교에서 수업 시간에 가장 많은 시간을 차지하는 과목도 국어고요. 국어를 제대로 알고 쓰려면 국어사전을 자주 찾아보면 돼요. 한 나라의 국민으로서 우리말 국어를 제대로 쓰는 것이야말로 나라를 위해 할 수 있는 가장 큰 일일 거예요.

1. 독도는 역사적으로 우리 ㄱ ㅌ 임에 틀림이 없다.
2. 나의 소원은 ㅇ ㄱ 으로 여행을 가 보는 것이다.
3. 유럽은 여러 나라의 ㄱ ㄱ 이 맞닿아 있어 걸어서 다른 나라로 갈 수 있다.
4. 영하는 기억력이 좋아서 전 세계 여러 나라의 ㄱ ㄱ 모양을 잘 기억한다.

어휘 확장하기

- **傾國之色(경국지색)**
임금이 혹하여 나라가 기울어져도 모를 정도의 미인이라는 뜻으로, 뛰어나게 아름다운 미인을 이르는 말이에요.
그 여자의 미모는 가히 **경국지색**이라고 할 만했다.

- **愛國志士(애국지사)**
나라를 위하여 자기의 몸과 마음을 다 바치신 분들을 일컫는 말이에요. 일제 강점기 때, 독립을 위해 힘쓰신 분들을 '애국지사'라고 하지요.
우리나라의 독립을 위해 노력하신 **애국지사**들을 기억해야 한다.

정답 ✏ 1. 국토 2. 외국 3. 국경 4. 국기

11 氣 기운 기

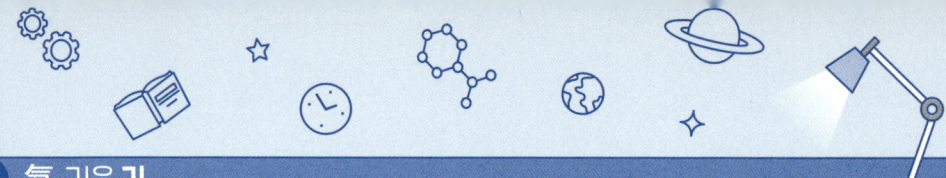

기온
공기
전기
용기
열기
습기
분위기
연기

氣
기운 기

* 보낼 '희'라고 읽고 뜻하기도 해요.

- **기온** 대기의 온도
- **공기** 지구를 둘러싼 대기의 하층 부분을 구성하는 무색투명하고 냄새가 없는 여러 기체의 혼합물
- **전기** 물질 안에 있는 전자의 이동으로 인하여 생기는 에너지의 한 형태
- **용기** 굳세고 씩씩한 기운
- **열기** 흥분해서 달아오른 분위기나 상황 또는 뜨거운 기운
- **습기** 물기가 서려 있는 축축한 기운
- **분위기** 어떤 대상 또는 그 주변에서 풍겨 나오는 느낌
- **연기** 무엇이 탈 때에 생기는 기체

- 기후 `5 사회`

  짧은 시간에 변하는 대기의 상태를 날씨라고 해요. '기후'는 날씨가 여러 해에 걸쳐 나타난 평균적인 상태를 뜻하는 말이에요. 우리나라는 사계절이 뚜렷하고 각 계절별 기후의 특성이 명확하게 구분돼요.

- 기압 `5 과학`

  공기의 무게로 생기는 힘을 '기압'이라고 해요. 기압이 낮은 것을 저기압, 기압이 높은 것을 고기압이라고 하지요. 상대적으로 따뜻한 공기는 차가운 공기보다 기압이 낮고, 차가운 공기는 따뜻한 공기보다 기압이 높아요.

1. 용기 •   • ① 주방에 불이 나서 (   )가 자욱했어.
2. 연기 •   • ② 비가 온 뒤에는 (   )가 많아서 빨래가 잘 마르지 않아.
3. 습기 •   • ③ 찜기에서 나는 (   )에 손을 데었다.
4. 열기 •   • ④ 발표하는 것이 떨렸지만 (   )를 내서 손을 들었어.

- 意氣銷沈(의기소침)

  기운이 없어지고 풀이 죽어 있는 것을 말해요.

- 氣盡脈盡(기진맥진)

  힘을 모두 써서 지쳐 쓰러질 것 같은 상태가 됨을 말해요.

12 災 재앙 재

- **화재** 불이 나는 재앙
- **재앙** 뜻하지 않게 생긴 불행한 변고
- **재난** 뜻밖에 일어난 재앙과 고난
- **이재민** 태풍, 전염병, 지진 등의 재해를 입은 사람
- **수재민** 홍수나 장마 따위로 재해를 당한 사람
- **방재** 재난이나 재해를 미리 막음

어휘 살펴보기

- **자연재해** 5 사회
  '자연재해'란 자연 현상이 인간의 생명과 재산에 피해를 주는 것을 말해요. 우리나라는 계절에 따라 기온과 강수량의 차이가 커서 계절별로 발생하는 자연재해가 각각 달라요. 봄에는 황사와 가뭄, 여름에는 폭염과 홍수, 겨울에는 한파와 폭설 등이 주로 발생하지요.

- **산업 재해** 5 사회
  일하는 과정에서 작업 환경 또는 작업 행동 등 업무상의 이유로 발생하는 근로자의 신체적, 정신적 피해를 산업 재해라고 해요. '산업 재해'를 예방하기 위해서는 안전 수칙을 잘 지켜야 해요.

어휘 적용하기

1. 뉴스에는 홍수가 난 지역 ㅅ ㅈ ㅁ 들이 모여 있는 장면이 나왔다.
2. 여름을 앞두고 태풍 ㅂ ㅈ 를 위한 시설 점검을 실시했다.
3. 몇 년 전 호주에서는 대규모 ㅎ ㅈ 로 많은 동물들이 피해를 입었다.
4. 국민들의 안전과 신속한 정보 전달을 위해 ㅈ ㄴ 문자를 보낸다.

어휘 확장하기

- **天災地變(천재지변)**
  지진, 홍수, 태풍 따위의 자연 현상으로 인한 재앙을 말해요.

- **積善之家必有餘慶(적선지가필유여경) 積惡之家必有餘殃(적악지가필유여앙)**
  유교에서 세계의 변화에 대한 원리를 엮은 『주역』에서 나온 문구로, 착한 일을 쌓는 집안에는 반드시 경사가 나고, 악함을 쌓는 집안에는 반드시 재앙이 돌아온다는 뜻이에요. 쉽게 설명하면 선을 베풀면 경사스러움이, 악을 행하면 재앙이 자손에게까지 미친다는 뜻이지요.

정답 1. 수재민 2. 방재 3. 화재 4. 재난

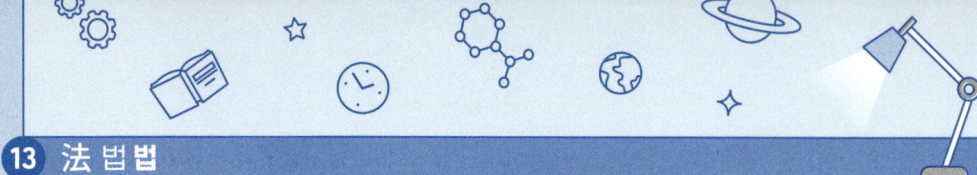

13 法 법 법

- 준법
- 합법적
- 방법
- 문법
- 법률
- 법치 국가

- **준법** 법률이나 규칙 따위를 그대로 좇아서 지킴
- **방법** 목적을 달성하기 위해 취하는 방식이나 수단
- **법률** 국가의 강제력을 수반하는 온갖 사회 규범
- **법치 국가** 법치주의에 바탕을 둔 국가
- **문법** 언어의 구성 및 운용상의 규칙
- **합법적** 국가의 강제력을 수반하는 사회 규범에 맞는 것

- **헌법** 5 사회

'헌법'은 우리나라의 최고법으로 모든 법의 기본이 돼요. 헌법에는 국민의 기본적 권리와 의무, 국가 기관을 조직하고 운영하는 원칙이 담겨 있어요. 헌법에는 국가가 함부로 국민의 권리를 침해할 수 없도록 명시되어 있어요. 법률을 만들 때에는 헌법에 어긋나는 법을 만들어서는 안 되며, 헌법의 내용을 바꾸고자 할 때에는 국민 투표를 해야 해요.

- **법원** 6 사회

'법원'은 재판을 통해 개인 간에 일어나는 다툼이나 개인이 겪은 억울한 일을 법에 따라 해결해 주는 기관이에요. 법원은 법을 어긴 사람들을 처벌하여 사회 질서를 지키고, 개인의 이익이나 권리를 보호받을 수 있게 도와줘요.

공정한 재판을 위한 제도

★ 법원을 다른 국가 기관으로부터 독립시킨다.
★ 법관의 신분을 보장하여 재판이 공정하게 이루어지도록 한다.
★ 재판 절차의 공정성을 확보하기 위해 재판을 공개하는 것을 원칙으로 한다.
★ 잘못된 판결을 방지하기 위해 세 번까지 재판을 받을 수 있도록 '삼심 제도'를 두고 있다.

1. 희수는 ㅈ ㅂ 정신이 투철하여 언제나 법을 준수한다.
2. 수학 문제를 푸는 ㅂ ㅂ 은 여러 가지가 있다.
3. 영어 ㅁ ㅂ 시간에 주어와 동사에 대해서 배웠다.
4. 주말에 열린 집회는 ㅎ ㅂ ㅈ 으로 허가를 받은 것이었다.

- **無法天地(무법천지)**

법이나 제도가 확립되지 않고 질서가 문란한 세상을 말해요.

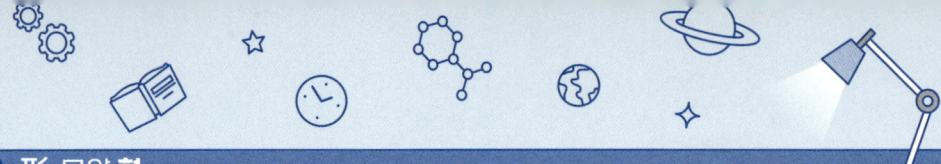

14 形 모양 형

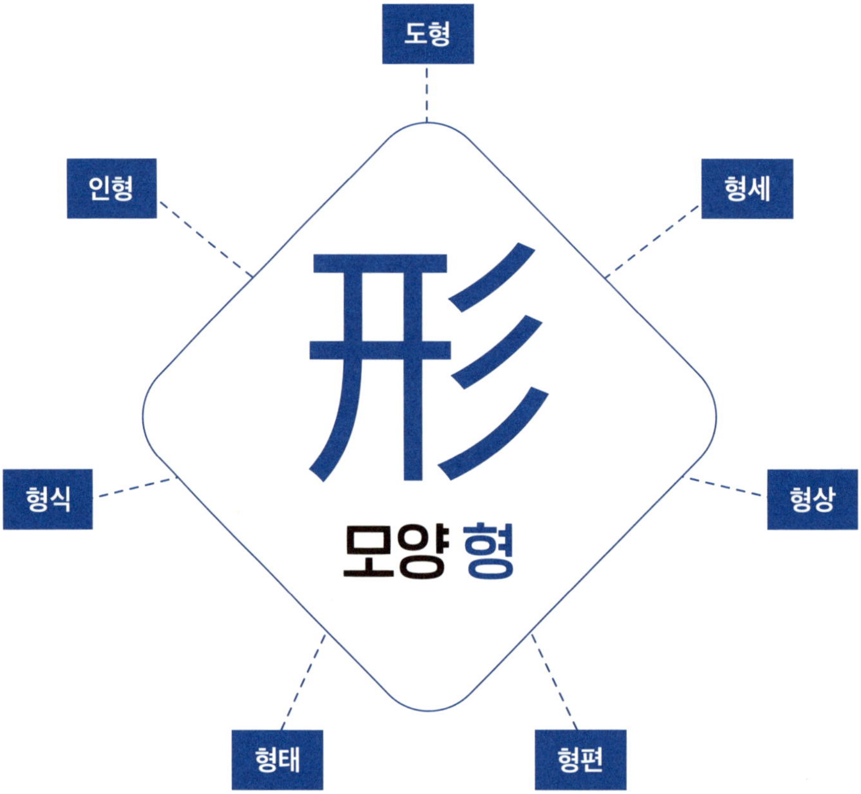

- 도형
- 형세
- 인형
- 형식
- 형상
- 형태
- 형편

形 모양 형

- **도형** 그림의 모양이나 형태
- **형세** 일이 되어 가는 형편이나 사정 또는 산의 모양과 지세
- **형상** 물건의 생긴 모양이나 상태
- **형편** 일이 되어 가는 상태나 경로 또는 결과
- **형태** 사물의 생김새나 모양
- **형식** 사물이 외부로 나타나 보이는 모양
- **인형** 사람이나 동물 모양으로 만든 장난감

- **지형** 5 사회

  땅의 생김새를 '지형'이라고 해요. 산지, 하천, 평야, 해안 등 다양한 지형이 있어요. 우리나라는 산지, 하천, 평야뿐 아니라 삼면이 바다로 둘러싸여 있어 해안, 섬 등 다양한 지형이 발달해 있어요.

- **거푸집** 5 사회

  만들려는 물건의 모양대로 속이 비어 있어 거기에 쇠붙이를 녹여 붓도록 되어 있는 틀을 '거푸집'이라고 해요. 그래서인지 '모양 형(形)'에는 거푸집이란 의미도 지니고 있어요.

어휘 적용하기

1. 오늘 수학 시간에 삼각형, 사각형 등 여러 가지 ㄷㅎ 에 대해 배웠어.

2. 간식 사 먹을 돈도 없는 내 ㅎㅍ 에 장난감까지 사는 것은 사치야.

3. 나는 어릴 때부터 꼭 껴안고 자는 ㅇㅎ 이 있어.

4. 그 옷은 치마 같아 보이지만 안쪽은 바지 ㅎㅌ 로 되어 있어.

어휘 확장하기

- **形形色色(형형색색)**

  형상과 빛깔 따위가 서로 다른 여러 가지를 말해요.

  가을 산이 **형형색색** 고운 단풍으로 물들었다.

정답 1. 도형 2. 형편 3. 인형 4. 형태

15 言 말씀 언

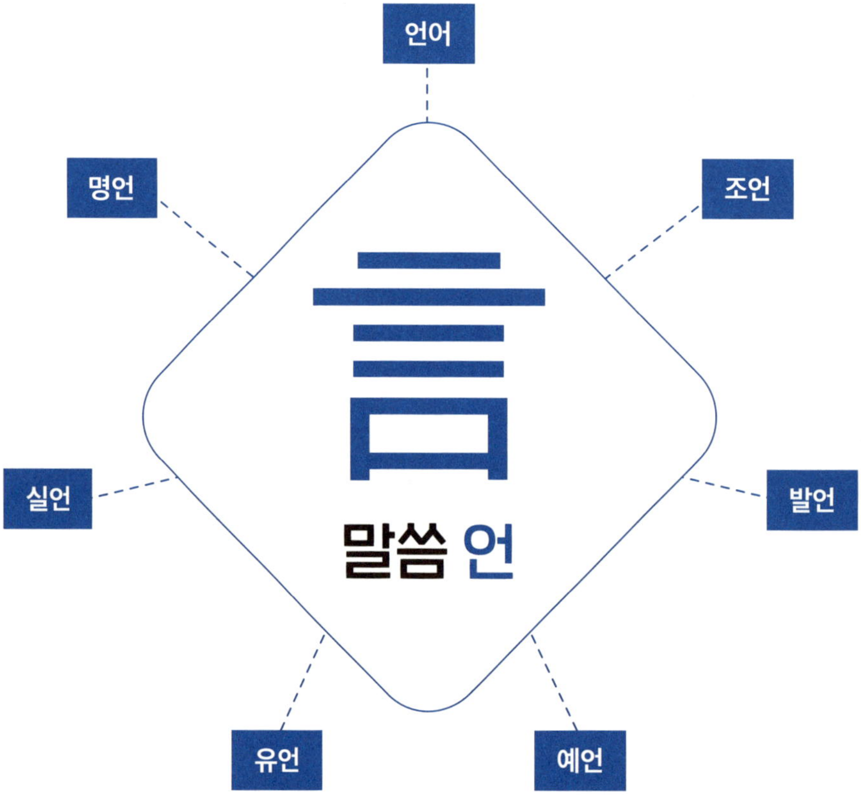

- **언어** 인간의 생각이나 감정을 표현하고 의사소통하기 위한 소리나 문자
- **조언** 도움이 되도록 말로 거들거나 깨우쳐 줌
- **발언** 생각이나 의견 따위를 드러내어 말함
- **예언** 앞으로 일어날 일을 미리 알거나 짐작하여 말함
- **유언** 죽음에 이르러 부탁하여 말을 남김
- **실언** 하지 않아야 할 말을 실수로 잘못 말함
- **명언** 사리에 맞는 훌륭한 말

- **무언극** 5 국어

  일어난 일을 대사 없이 몸짓, 표정으로만 표현하는 연극을 '무언극'이라고 해요. 표정이나 몸짓으로 생각이나 느낌을 표현할 수 있어요.

- **독립 선언서** 5 사회

  독립 선언은 어느 지역이 주권을 가진 독립국임을 선언하는 거예요. 우리나라에서는 민족 대표 33인이 일제 강점기에 3.1 독립 선언서를 작성하였고, 이는 3.1운동의 정신이자 토대가 되었어요.

  *3.1운동: 일본의 무단 통치에 저항하여 1919년 3월 1일에 일어난 비폭력 독립 만세 운동이에요.

1. '죽고자 하면 살 것이요. 살고자 하면 죽을 것이다'라는 이순신 장군의 ㅁ ㅇ 이 기억에 남아.

2. 회의에 참여할 때에는 다른 사람의 말에 끼어들지 말고 ㅂ ㅇ 권을 얻어 말해야 해.

3. 할아버지는 돌아가시기 전 모든 가족을 모아 놓고 ㅇ ㅇ 을 남기셨어.

4. 장난으로 한 말이었는데 네 기분이 나빴다니 미안해, 내가 ㅅ ㅇ 을 했네.

- 음은 다르지만 뜻이 같은 한자

言 말씀 언	語 말씀 어	說 말씀 설
조언, 예언, 유언, 명언	국어, 영어, 외국어, 어휘	설명, 해설, 연설, 설득

16 權 권세 권, 저울추 권

```
         인권
   패권         권리
       權
        권
      권세
      저울추
   특권         권력
       집권  권위
```

- **인권** 사람이라면 누구나 태어나면서부터 당연히 가지는 기본적 권리
- **권리** 어떤 일을 주체적으로 자유롭게 처리하거나 타인에 대하여 당연히 주장하고 요구할 수 있는 자격이나 힘
- **권력** 남을 자신의 뜻대로 움직이거나 지배할 수 있는 공인된 힘
- **권위** 다른 사람을 통솔하여 이끄는 힘, 사회적으로 인정을 받고 영향력을 끼칠 수 있는 위신
- **집권** 권력이나 정권을 잡음
- **특권** 어떤 신분이나 지위, 자격이 있는 사람만이 누리는 특별한 권리나 이익
- **패권** 국제 정치에서, 군사적 힘이나 경제력으로 다른 나라를 지배하고 자국의 세력을 넓히는 기세

- **권문세족** 5 사회

고려가 원나라(몽골)의 간섭을 받던 시기부터 고려 말까지 권력을 누렸던 지배 세력을 '권문세족'이라고 해요. 권문세족의 위세가 얼마나 컸는지, 고려 말에는 나라 안의 땅과 곡식을 무자비하게 빼앗아 백성들의 삶이 매우 고달퍼졌어요. 권문세족을 경계하기 위해 '신진 사대부'라는 새로운 정치 세력이 등장해 대립하기도 했고요. 나라 안이 어지러운데 엎친 데 덮친 격으로 고려에는 외세가 자주 침입하였고, 외세의 침입을 물리치는 과정에서 이성계 등의 무인 세력이 새로 등장했지요. 결국 이성계와 신진 사대부는 위화도에서 군대를 철수하여 돌아와(위화도 회군) 권력을 잡은 뒤, 고려를 무너뜨렸어요. 그리하여 생긴 나라가 바로 '조선'입니다.

*외세: 외국의 세력
*위화도 회군: 명과 전쟁을 치르기 위해 군대를 이끌고 나갔던 이성계가 위화도에서 돌아온 사건

- **기본권** 5 사회

헌법이 보장하는 국민의 기본 권리를 '기본권'이라고 해요. 기본권은 누구에게도 침해될 수 없는 권리로 평등권, 자유권, 참정권, 청구권, 사회권 등이 있어요.

★**평등권** 부당하게 차별받지 않을 권리
★**자유권** 국가의 간섭을 받지 않고 자유롭게 생각하고 행동할 수 있는 권리
★**참정권** 국가의 정치 과정에 참여할 수 있는 권리
★**청구권** 기본권이 침해되었을 때 국가에 기본권 보장을 요구할 수 있는 권리
★**사회권** 인간다운 삶을 국가에 요구할 수 있는 권리

어휘 적용하기

1. 인권 •   • ① 오늘 입장권을 구매하면 우선 입장할 수 있는 (   )이 주어진다.
2. 특권 •   • ② 인간은 누구나 소중한 존재로 (   )을 보장받아야 한다.
3. 집권 •   • ③ 푸틴 러시아 대통령은 장기 (   )을 하고 있다.

어휘 확장하기

- **權不十年(권불십년)**

권세는 10년을 가지 못한다는 뜻으로, 아무리 높은 권세라도 오래가지 못함을 이르는 말이에요.

17 實 열매 실

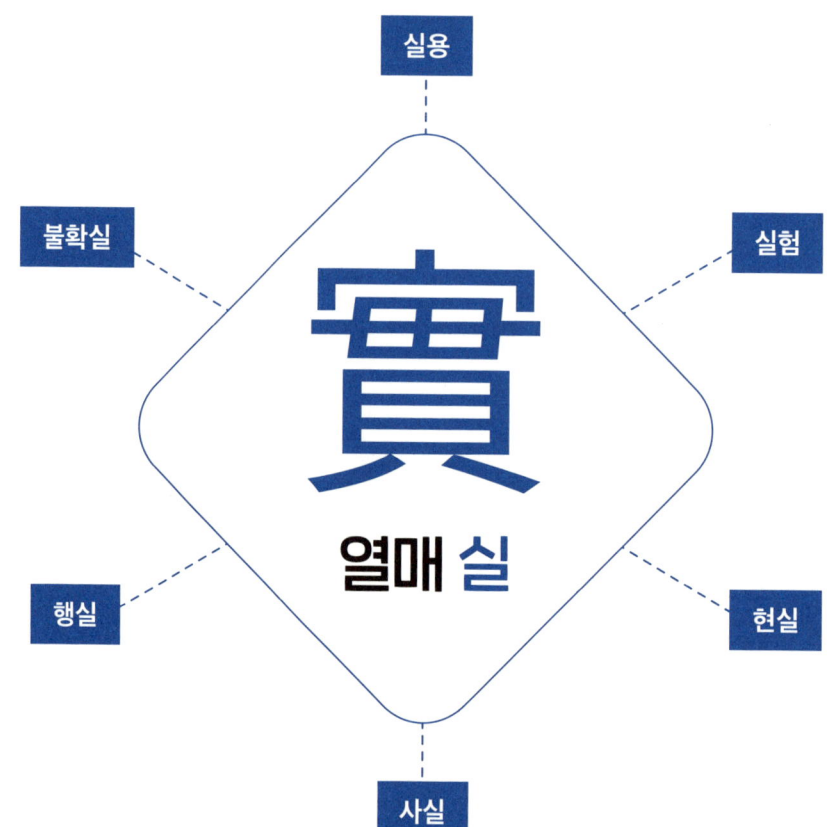

*이를 '지'로 읽고 뜻하기도 해요.

- **실용** 실제로 쓰거나 쓰임
- **실험** 과학에서 이론이나 가설 따위가 실제로 가능한지 알아보기 위해 시험함
- **현실** 현재 실제로 존재하는 일이나 상태
- **사실** 실제로 발생했던 일이나 현재에 있는 일
- **행실** 일상생활에서 실지로 드러나는 행동이나 몸가짐
- **불확실** 확실하지 아니함

어휘 살펴보기

- **실학** 5 사회

백성들의 생활을 돕고 현실 문제를 해결하는 데 관심을 둔 학문을 '실학'이라고 해요. 실학자들은 농업, 상업, 공업, 우리나라의 역사와 지리 등을 연구했어요.

대표적인 실학자들

★ 거중기를 개발해 수원 화성을 건설한 **정약용**
★ 실사구시(사실을 토대로 진리를 탐구하는 일)의 한 방법으로 산업을 권장한 **유득공**
★ 우리나라의 지리를 자세히 표시한 대동여지도를 만든 **김정호**
★ 토지 제도를 개혁하여 농촌 사회를 안정시키려 한 **유형원**
★ 청나라의 발달된 문물을 받아들이자고 주장한 **박지원**

어휘 적용하기

1. 실험 •   • ① 일상에서 (   ) 가능한 로봇을 만들었다.
2. 현실 •   • ② 내가 어릴 적부터 꿈꿔 왔던 일이 (   )이 되었다.
3. 행실 •   • ③ 나는 과학 시간에 (   )을 하는 것이 가장 재미있다.
4. 실용 •   • ④ 강산이는 (   )이 바르고 다른 사람들의 모범이 된다.

어휘 확장하기

- **有名無實(유명무실)**
이름만 그럴듯하고 실속은 없을 때 쓰는 표현이에요.

- **名實相符(명실상부)**
이름과 실상이 서로 꼭 맞다는 뜻이에요.

정답 1.③ 2.② 3.① 4.④

18 傳 전할 전

- **위인전기** 훌륭한 업적을 이룩한 뛰어난 사람의 삶과 업적 따위를 사실에 따라 적은 글이나 책
- **유전** 어버이의 체질이나 성격 같은 특징이 자손에게 전해짐
- **전달** 소식이나 말 따위를 사람에게 전하여 이르게 함
- **전통문화** 그 나라에서 발생하여 과거로부터 현재까지 전해 내려오는 고유한 문화
- **전승** 문화, 풍속, 제도 등을 이어받아 계승함
- **전염병** 전염성을 가진 병들을 통틀어 이르는 말

- **전도** 5 과학

온도가 다른 두 물체가 접촉하면 열이 이동하면서 온도가 높은 물체의 온도는 점점 낮아져요. 이렇게 열이 고체 물질을 따라 이동하는 것을 '전도'라고 하는데, 보통 열은 온도가 높은 물체에서 낮은 물체로 이동하지요. 열이 전달되는 빠르기는 물질의 종류에 따라 다르게 나타나요.

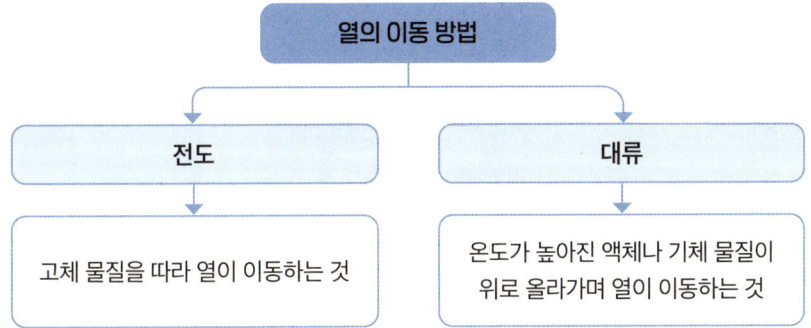

1. 강강술래는 우리나라의 ㅈ ㅌ ㅁ ㅎ 라고 할 수 있다.

2. ㅈ ㅇ ㅂ 예방을 위해서는 손을 자주 닦아야 한다.

3. 민요는 예로부터 입에서 입으로 ㅈ ㅅ 되어 온 우리의 노래이다.

4. 부모님도 아이도 운동을 잘하는 것을 보니 재능이 ㅇ ㅈ 된 듯 하다.

- **以心傳心(이심전심)**

마음과 마음으로 서로 뜻이 통하는 것을 뜻해요. 굳이 말로 하지 않아도 내 마음을 알아주는 경우에 쓰는 표현이에요.

19 對 대할 대

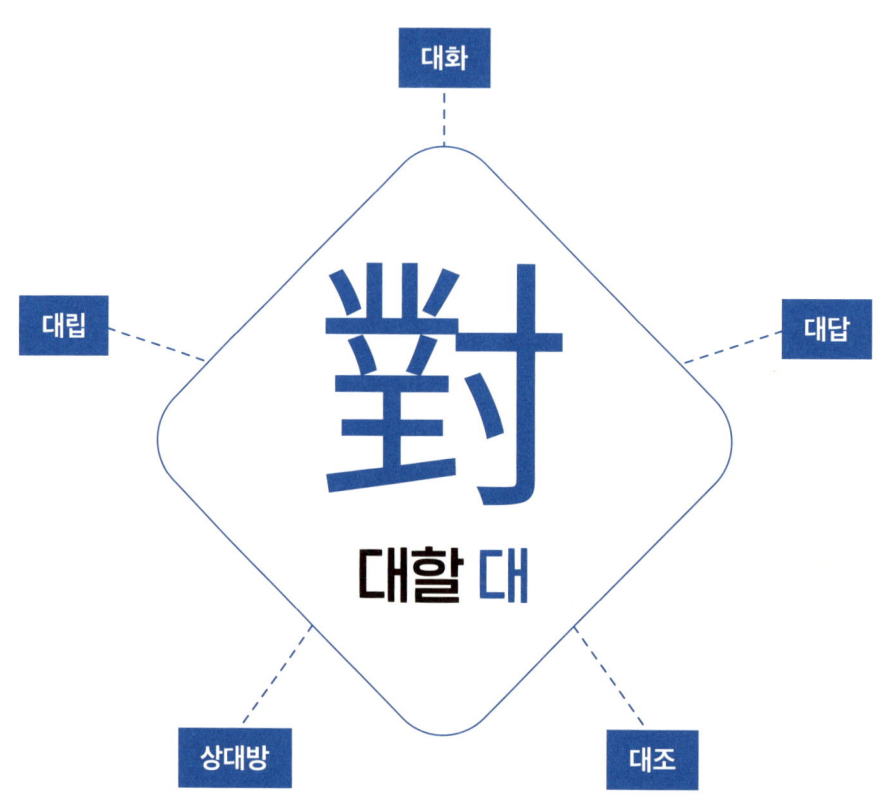

- **대화** 서로 마주하여 이야기를 주고받음
- **대답** 물음이나 부름, 또는 요구 등에 응하여 말하거나 어떤 태도를 보임
- **대조** 둘 이상의 사물의 내용을 서로 맞대어 검토함
- **상대방** 서로 맞서거나 마주하고 있는 맞은편의 사람
- **대립** 의견이나 처지, 속성 따위가 서로 반대되거나 모순되는 관계

어휘 살펴보기

- **대류** 5 과학

물을 끓이면 따뜻해진 물이 위로 올라가면서 열이 이동해요. 이처럼 온도가 높아진 물질이 올라가면서 열이 이동하는 것을 '대류'라고 하지요. 액체를 가열하면 대류 현상이 일어나 액체 전체의 온도가 높아져요.

- **대칭** 5 수학

기준이 되는 점, 선, 면을 사이에 두고 같은 거리에서 마주 보고 있는 것을 '대칭'이라고 해요.

선대칭 도형	점대칭 도형
한 직선을 따라 접었을 때, 완전히 겹치는 도형을 '선대칭 도형'이라고 해요. 대칭축을 따라 접었을 때 겹치는 점을 대응점, 겹치는 변을 대응변, 겹치는 각을 대응각이라고 해요.	한 도형을 어떤 점을 중심으로 180도 돌렸을 때 처음 도형과 완전히 포개지는 도형을 말해요. 그 점을 대칭의 중심이라고 하고, 180도 돌렸을 때 겹치는 점을 대응점, 겹치는 변을 대응변, 겹치는 각을 대응각이라고 해요.

20 斷 끊을 단

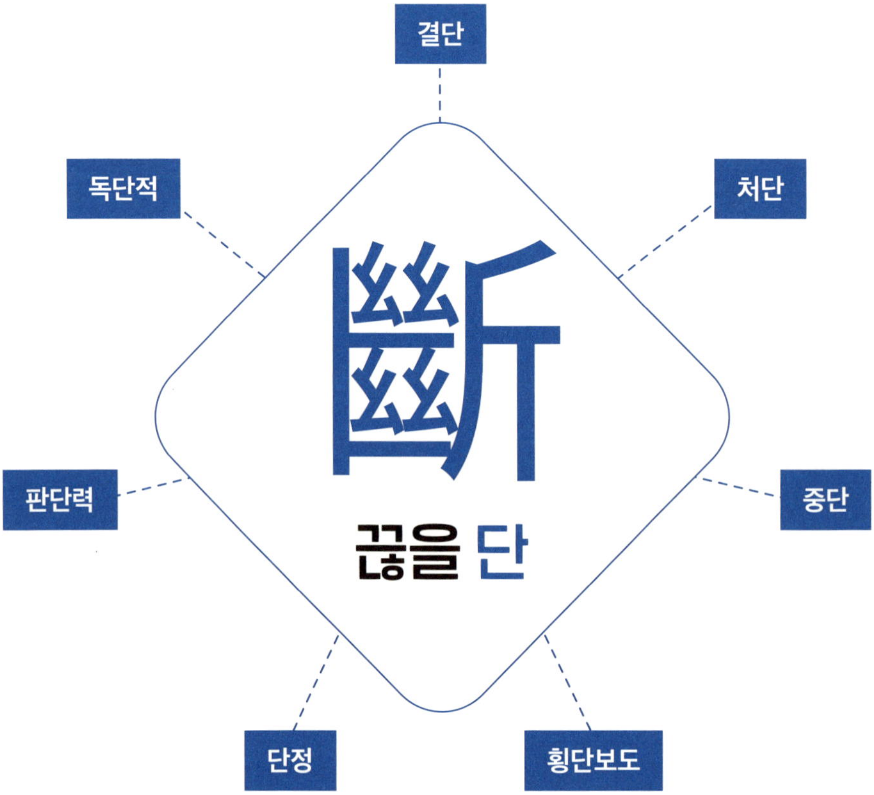

```
        결단
독단적           처단
       斷
      끊을 단
판단력           중단
        단정    횡단보도
```

- **결단** 결정적인 판단을 하거나 단정을 내림
- **처단** 죄가 있음을 결정하여 처치하거나 처분함
- **중단** 일이나 행동, 말 따위를 도중에 그만둠
- **횡단보도** 사람이 가로로 건너다닐 수 있도록 안전표지나 도로 표지를 설치하여 차도 위에 마련한 길
- **단정** 딱 잘라 판단하거나 결정함
- **판단력** 사물을 인식하여 논리나 기준 등에 따라 판정할 수 있는 능력
- **독단적** 남과 상의하지 않고 혼자서 판단하거나 결정하는 것

어휘 살펴보기

- **단열** 5 과학
  두 물체 사이에서 열의 이동을 막거나 줄이는 것을 '단열'이라고 해요. 단열을 위해서는 종이나 플라스틱처럼 열의 전도가 느린 물질을 이용해요.

- **남북 분단** 6 사회
  우리나라는 남한과 북한이 분단되는 아픔을 겪었어요. 1950년 6월 25일, 북한의 남침으로 많은 사람들이 죽거나 다치고, 건물과 문화유산이 파괴되었어요. 3년 만인 1953년 7월 정전 협정으로 전쟁은 중단되었지만 남한과 북한 사이에는 휴전선이 생겨 서로 건너갈 수 없게 되었지요. 이로 인해 많은 사람들은 고향으로 돌아가지 못해 가족과 헤어지는 이산가족의 아픔을 겪어야 했어요.

어휘 적용하기

1. 일제 강점기 독립투사들은 친일파를 ㅊ ㄷ 하려고 했다.
2. 딱 한 번 해 보고 나와 맞지 않다고 ㄷ ㅈ 지을 수는 없다.
3. 내일 병원에서 검사를 하기 전까지 물도 먹지 않고 ㄷ ㅅ 해야 한다.
4. 도로 공사가 갑자기 ㅈ ㄷ 되어 주민들이 불편을 겪었다.

어휘 확장하기

- **優柔不斷(우유부단)**
  어물어물 망설이기만 하고 결단성이 없는 것을 말해요.

- **死生決斷(사생결단)**
  죽고 사는 것을 돌보지 않고 끝장을 내려고 함을 말해요.

정답 1. 처단 2. 단정 3. 단식 4. 중단

21 系 맬 계

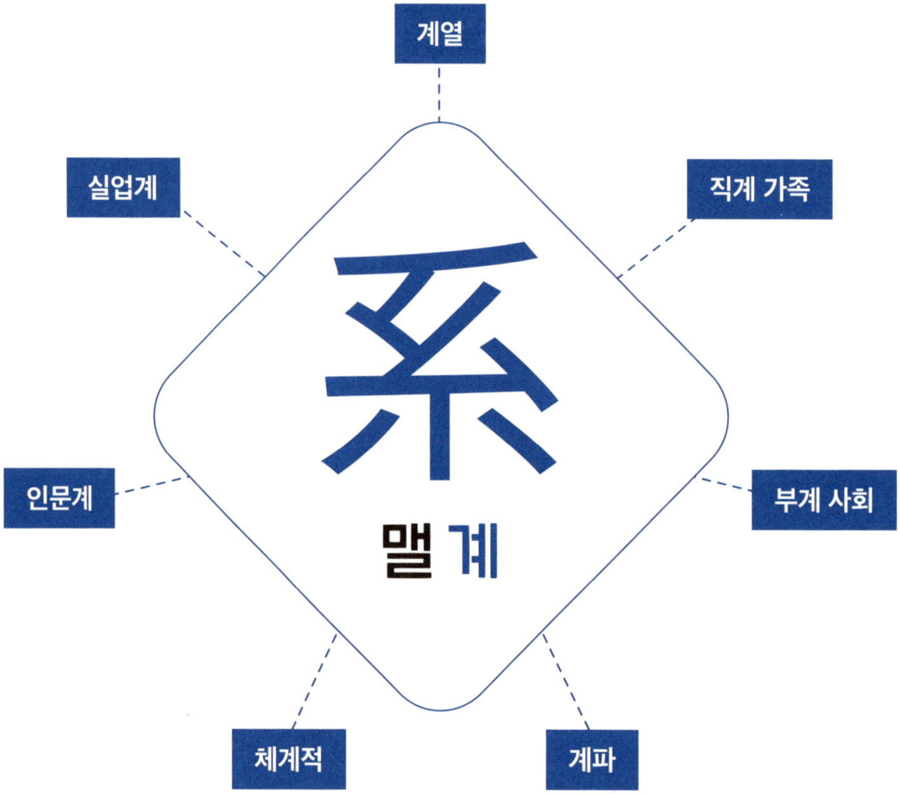

```
           계열
    실업계       직계 가족
          系
         맬 계
    인문계       부계 사회
       체계적   계파
```

- **계열** 서로 관련이 있거나 비슷한 점에서 한 갈래로 연결되는 계통이나 조직
- **직계 가족** 조부모와 부모, 부모와 자녀, 자녀와 손자 등의 관계를 이루는 가족
- **부계 사회** 아버지 쪽을 중심으로 혈통이나 상속이 이루어지는 사회
- **계파** 하나의 조직을 이루는 작은 조직
- **체계적** 일정한 원리에 따라서 낱낱의 부분이 짜임새 있게 조직되어 통일된 전체를 이루는 것
- **인문계** 언어, 문화, 역사, 철학 따위의 학문 계통
- **실업계** 기술자를 양성하여 산업의 발달을 도모하고자 실업 교육을 위주로 하는 계통

> 어휘 살펴보기

• **태양계** 5 과학

태양을 중심으로 태양의 영향을 받는 천체와 태양의 영향이 미치는 공간을 모두 통틀어 '태양계'라고 해요. 태양계 행성에는 수성, 금성, 지구, 화성, 목성, 토성, 천왕성, 해왕성이 있어요. 행성마다 색깔, 무늬, 고리 등의 겉모습이 모두 다르지요.

*행성: 지구처럼 태양의 주위를 도는 천체

• **생태계** 6 과학

어떤 장소에서 서로 영향을 주고받는 생물과 생물 주변의 환경 전체를 '생태계'라고 해요. 생태계를 구성하는 요소는 생물 요소와 비생물 요소로 나눌 수 있어요.

생물 요소	양분을 스스로 만드는 생산자 (예) 나무, 꽃 등의 식물 다른 생물을 먹어 양분을 얻는 소비자 (예) 사람, 동물 동물의 배설물이나 죽은 생물을 분해하여 양분을 얻는 분해자 (예) 버섯, 곰팡이, 세균
비생물 요소	빛, 온도, 물, 흙, 공기 등

> 어휘 확장하기

• **直系 尊屬**(직계 존속)

조상으로부터 직계(자기가 낳은 자식이 직접적으로 이어짐)로 내려와 자기에 이르는 사이의 혈족을 말해요. 부모님, 할머니, 할아버지 등이 있어요.

• **直系 卑屬**(직계 비속)

자식을 비롯하여 손자까지 자신이 직접 낳은 친족을 말해요.

22 溶 녹을 용

- **용액** 두 가지 이상의 물질이 균일하게 혼합된 액체
- **용매** 어떤 액체에 물질을 녹여서 용액을 만들 때 그 액체를 가리키는 말
- **용질** 용액에 녹아 있는 물질
- **수용성** 어떤 물질이 물에 녹는 성질
- **지용성** 어떤 물질이 기름에 녹는 성질

- **용해** 5 과학

설탕이 물에 녹는 것처럼 액체 속에 어떤 물질이 녹는 것을 '용해'라고 해요. 이때 물은 '용매', 설탕은 '용질'이라고 하고, 물에 용해된 설탕은 없어지는 것이 아니라 매우 작아져서 물과 골고루 섞인 '설탕 용액'이 됩니다.

용액의 특징
★ 용해되기 전과 용해된 후 용액의 무게는 같다.
★ 용액의 어느 곳에나 용매와 용질이 섞인 정도가 같다.
★ 물의 온도가 높으면 용해되는 용질의 양이 많아진다.
★ 용액이 진할수록 용액에 물체를 넣었을 때 물체가 높이 떠오른다.

- 다음 문장을 읽고 맞으면 O, 틀리면 X하세요.

1. 설탕이나 소금을 물에 녹이는 것을 용해라고 한다. ( )
2. 용매는 물처럼 다른 물질을 녹이는 물질을 말한다. ( )
3. 용질이 물에 용해되면 없어진다. ( )
4. 물의 양이 같을 때 따뜻한 물보다 차가운 물에서 더 많이 용해된다. ( )

어휘 확장하기

- 음은 같지만 뜻이 다른 한자

溶 녹을 용	用 쓸 용	容 얼굴 용
용액, 용해, 용매, 수용성, 지용성	사용, 비용, 작용, 부작용, 활용, 적용	용모, 용서, 수용, 내용, 미용

정답: 1. O 2. O 3. X 4. X

23 溫 따뜻할 온, 쌓을 온

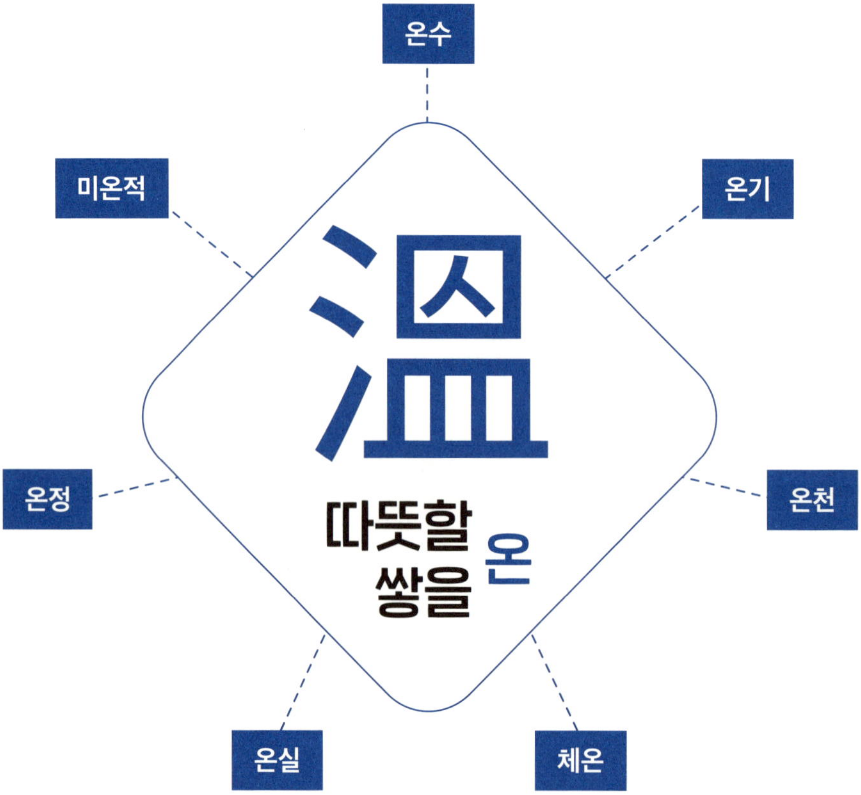

- 온수
- 미온적
- 온기
- 온정
- 온천
- 온실
- 체온

溫 따뜻할 쌓을 온

- **온수** 따뜻한 물
- **온기** 따뜻한 기운
- **온천** 땅속에서 지표 위의 평균 기온보다 높은 온도의 물이 자연히 솟는 샘
- **체온** 동물이 가지고 있는 몸의 온도
- **온실** 난방 장치를 한 방, 온도를 조절하여 식물을 기를 수 있도록 만든 구조물
- **온정** 따뜻한 사랑과 인정
- **미온적** 어떤 일에 대한 대응에 있어 적극성이 없고 미적지근한 것

- **온도** 5 과학

'온도'는 물체나 물질의 차갑거나 뜨거운 정도를 나타낸 것을 말해요. 물체나 물질의 차갑고 뜨거운 정도는 사람마다 다르게 느낄 수 있기 때문에 온도계를 사용하여 정확하게 측정하여 나타내야 하지요. 측정한 온도는 숫자에 단위 '섭씨 도(℃)'를 붙여 사용해요.

- **온돌** 5 과학

아궁이에서 불을 때면 불기운이 방바닥 밑으로 난 방고래(방의 구들장 밑으로 나 있는 불길과 연기가 나가는 길)를 통해 퍼지도록 하여 방바닥 전체를 덥히는 우리나라 고유의 난방 장치를 말해요.

- **기온** 6 과학

대기의 온도를 '기온'이라고 해요. 여름에는 태양의 남중 고도가 높고, 낮의 길이가 길며, 기온이 높아요. 겨울에는 태양의 남중 고도가 낮고, 낮의 길이가 짧으며, 기온이 낮아요.

*남중 고도: 천체가 자오선을 통과할 때의 고도로 '자오선 고도'라고도 함

- **三寒 四溫(삼한 사온)**

한국을 비롯하여 아시아의 동부, 북부에서 나타나는 겨울 기온의 변화 현상을 말해요. 일주일 주기로 사흘 동안 춥고 나흘 동안 따뜻함을 의미해요.

- **반대의 뜻을 가진 한자**

溫 따뜻할 온	冷 찰 랭(냉)
온수, 온기, 온풍기, 온도, 온돌, 체온, 온난화	냉수, 냉장고, 냉기, 냉동, 냉면, 냉방

24 速 빠를 속

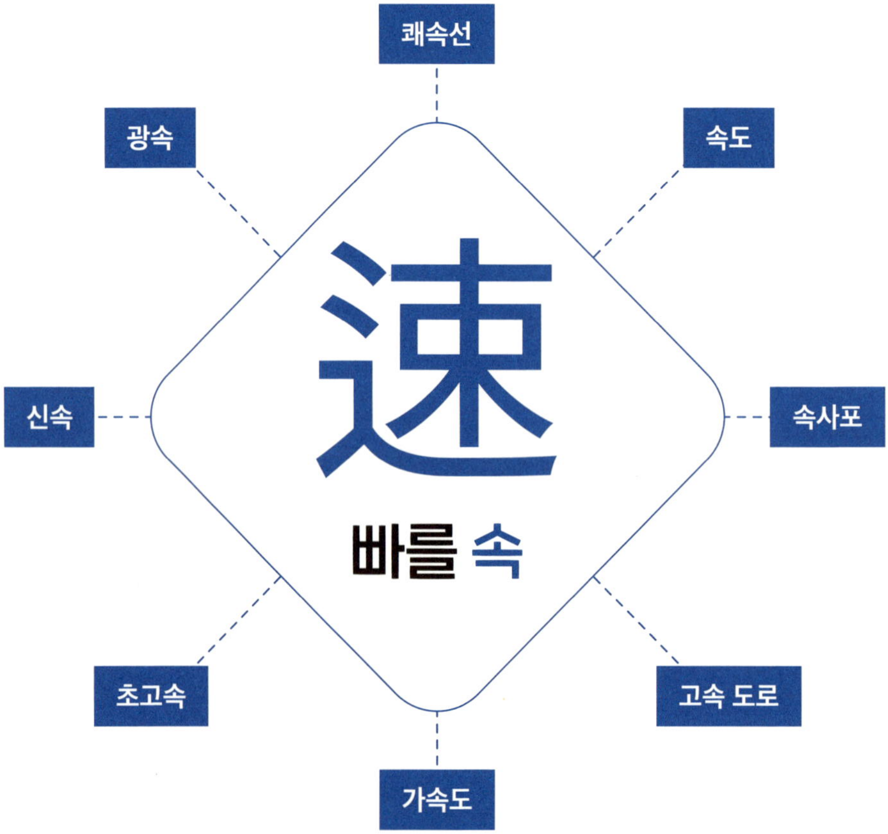

```
        쾌속선
   광속         속도

        速
      빠를 속

   신속         속사포

   초고속       고속 도로
        가속도
```

- **쾌속선** 속도가 매우 빠른 배
- **속도** 일이 진행되는 빠른 정도
- **속사포** 탄알을 쉽게 장전하여 빨리 발사할 수 있는 포
- **고속 도로** 자동차가 빠른 속도로 달릴 수 있게 만든 차량 전용의 도로
- **가속도** 일의 진행에 따라 점점 더해지는 속도
- **초고속** 극도로 빠른 속도
- **신속** 일이나 움직임 따위가 매우 빠름
- **광속** 진공 속에서 빛이 나아가는 속도

- **속력** 5과학

'속력'이란 1초(S) 또는 1시간(h) 등과 같이 일정한 시간 동안 물체가 이동한 거리를 뜻해요. 속력을 구하는 방법은 '이동 거리 ÷ 걸린 시간'을 셈하면 구할 수 있어요. 초속(m/s)은 1초 동안 이동한 거리를 말하고, 시속(km/h)은 1시간 동안 이동한 거리를 말해요. 예를 들어 시속 30km라고 하면 1시간 동안 30km를 갈 수 있다는 말이에요.

일상에서 속력을 사용하는 예

★ 일기 예보에서 바람의 빠르기를 나타낼 때
★ 야구에서 투수가 던진 야구공의 빠르기를 나타낼 때
★ 여러 가지 교통 수단의 빠르기를 나타낼 때

1. 이안이가 카랑카랑한 목소리로 ㅅ ㅅ ㅍ 처럼 떠들어 댔다.
2. 종이학을 접는 것은 처음에는 어려웠지만 익숙해질수록 ㄱ ㅅ ㄷ 가 붙었다.
3. 명절에는 ㄱ ㅅ ㄷ ㄹ 도 꽉 막혀 빠르게 달릴 수가 없었다.
4. 우리 할머니 댁은 섬이지만 ㅋ ㅅ ㅅ 을 타고 15분이면 육지에 도착한다.

- **速戰速決(속전속결)**

어떤 일을 빨리 진행하여 빨리 끝내는 것을 말해요.

시간을 끈다고 달라지는 것은 없으니 **속전속결**로 처리하자!

고급편

고급 편에서는 6학년 교육 과정에 주로 등장하는 한자를 소개합니다. 관련 어휘로 『명심보감』, 『사자 소학』에 나온 표현까지 다뤄요. 어휘력 향상을 넘어 인문학 독서에 대한 기초를 쌓을 수 있는 토대를 마련해 보아요.

1 推 밀 추

*밀 '퇴'라고 읽고 뜻하기도 해요.

- **추진력** 어떤 일이나 사건의 중심이 되어 그것을 밀고 나가 실행하는 힘
- **추천** 어떤 조건에 적당한 대상을 책임지고 소개함
- **추측** 무엇을 미루어 생각함
- **추리 소설** 범죄 사건을 소재로 하여 그 사건의 실상을 추리하고 해결하는 과정을 중심으로 쓴 소설
- **추앙** 높이 받들어 우러러봄
- **추정** 미루어 생각하여 판정함

- **추론** 6 국어

'추론'은 이야기에 직접 드러나지 않은 내용을 글의 앞뒤 사실로 미루어 생각해 보는 것을 말해요. 이야기를 추론하며 읽으면 사건의 원인이나 결과, 인물의 마음을 상상하며 재미있게 읽을 수 있어요.

- **유추** 5 국어

미루어 짐작하는 것을 '유추'라고 해요. 글을 읽다가 모르는 단어가 나오면 낱말의 뜻을 유추하여 읽는 힘이 필요해요. 모르는 낱말이 나올 때마다 사전을 찾아 가며 읽기는 어렵기 때문이지요. 잘 모르는 낱말의 앞뒤 내용을 잘 살펴보면서 낱말의 뜻을 유추해 보아요.

1. 선생님께서 나를 장학생으로 ㅊ ㅊ 해 주셨다.

2. 도균이는 ㅊ ㅈ ㄹ 이 있어서 맡은 일은 척척 진행해 나간다.

어휘 확장하기

- 속담 중에는 '추진력'을 강조하는 것들이 있어요. 무슨 일이든 머리로 아는 것보다 실행하여 끝까지 해내는 힘이 중요하니까요.

  ★ **시작이 반이다** 무슨 일이든지 시작하기가 어려울 뿐, 시작했다는 것은 반 이상은 한 것이나 다름없다는 뜻이에요.

  ★ **천 리 길도 한 걸음부터** 아무리 큰일도 아주 사소한 일로부터 시작된다는 말로, 일은 시작이 중요하다는 뜻이에요.

  ★ **부뚜막의 소금도 집어넣어야 짜다** 손쉽게 할 수 있는 일이라도 실제로 힘을 들여 행동하지 않으면 소용없다는 뜻이에요.

  ★ **구슬이 서 말이라도 꿰어야 보배** 아무리 보기 좋은 보물이라도 쓸모 있게 만들어 놓아야 값어치가 있다는 뜻이에요.

  ★ **길고 짧은 것은 대어 보아야 한다** 크고 작고, 이기고 지고, 잘하고 못하는 것은 실지로 겨루어 보거나 겪어 보아야 알 수 있다는 뜻이에요.

2 發 필발

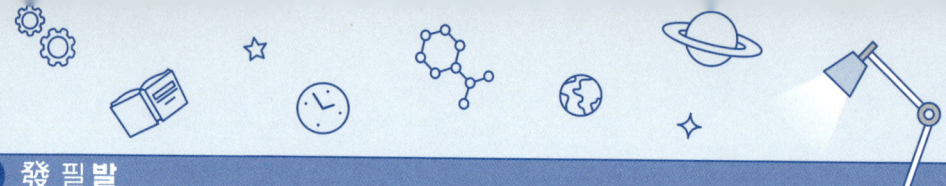

- **계발** 재능이나 정신 따위를 깨우쳐 열어 줌
- **발명** 전에 없던 물건이나 방법 따위를 새로 생각하여 만들어 냄
- **개발** 자원 따위를 개척하여 유용한 것으로 만듦
- **발생** 어떤 대상이나 현상이 새로 생겨남
- **발굴** 땅속에 파묻혀 있던 역사적 유물 따위를 파냄
- **자발적** 남에게 의존하지 않고 자기 스스로 나서서 하는 것
- **출발** 특정한 목적지나 방향을 향하여 나아감
- **발령** 임명, 해임 등 직책이나 직위와 관련된 공식적인 명령을 내림

어휘 살펴보기

- **발표** [6 국어]

어떤 사실이나 결과를 드러내어 알린다는 뜻으로 자신의 의견이나 생각 또는 정보를 여러 사람 앞에서 말하는 것을 '발표'라고 해요. 발표를 할 때에는 바른 자세로 큰 목소리로 발표하는 것이 중요해요.

발표할 내용을 구성하는 방법

★ 발표하려는 주제와 제목이 드러나야 한다.
★ 듣는 사람의 주의를 집중시킬 수 있는 내용을 넣어 사람들의 흥미를 불러일으킨다.
★ 발표 주제와 관련한 내용을 한눈에 볼 수 있는 자료를 보여 준다.
★ 발표 내용을 정리하는 내용이 들어가야 한다.

- **화산 폭발** [4 과학]

땅속 깊은 곳에서 암석이 녹은 마그마가 땅 위로 분출하는 현상을 '화산 활동'이라고 해요. 이런 화산 활동 중에서 화산 가스와 화산재를 격렬하게 뿜어내는 것을 '화산 폭발'이라고 하지요. 화산이 폭발할 때 나오는 물질을 '화산 분출물'이라고 해요.

어휘 적용하기

1. 민지는 ㅈㅂㅈ 으로 주말마다 봉사 활동을 하고 있다.
2. 공주에서 선사 시대 유적지가 발견되어 ㅂㄱ 이 진행 중이다.
3. 지뢰가 ㅍㅂ 하여 군인이 다쳤다는 뉴스가 전해졌다.
4. 아버지가 다른 지역으로 ㅂㄹ 이 나셔서 이사를 가게 되었다.

어휘 확장하기

- **怒發大發 (노발대발)**

몹시 노하여 펄펄 뛰며 성을 내는 것을 말해요.

정답 1. 자원봉사 2. 발굴 3. 폭발 4. 발령

3 立 설 립(입)

- 독립
- 설립
- 대립
- 확립
- 건립
- 국립 공원
- 중립

立 설 립(입)

*자리 '위'라고 읽고 뜻하기도 해요.

- **독립** 다른 것에 예속하거나 의존하지 않는 상태로 독자적으로 존재함
- **설립** 기관이나 조직체를 새로 만들어 세움
- **대립** 의견이나 처지, 또는 속성 등이 서로 맞서거나 반대됨
- **확립** 체계, 견해, 조직을 흔들리거나 변형되지 않도록 확고한 것으로 만듦
- **건립** 건물이나 기념비 등을 만들어 세움
- **국립 공원** 자연 풍경이 뛰어난 곳을 국가가 지정하여 유지, 관리하는 공원
- **중립** 어느 쪽에도 치우치지 않고 중간적 입장을 지킴

어휘 살펴보기

• **입체 도형** [6 수학]

평면이 아닌 삼차원 공간에서 부피를 가지는 도형을 '입체 도형'이라고 해요. 입체 도형에는 정육면체, 각기둥, 각뿔, 원기둥, 원뿔, 구 등이 있어요.

입체 도형의 종류

각기둥		두 면이 서로 평행하고 합동인 다각형으로 이루어진 입체 도형
각뿔		밑에 놓인 면이 다각형이고 옆으로 둘러싼 면이 모두 삼각형인 입체 도형

• **입법** [6 사회]

국회가 법을 만드는 것을 '입법'이라고 해요. 그래서 국회를 '입법부'라고 하지요. 입법부인 국회에서는 법을 만들거나 고치거나 없애는 일을 해요.

어휘 적용하기

1. 건립 •   • ① 형은 회사에 입사한 후 부모님에게서 완전히 (   )했다.
2. 중립 •   • ② 지후와 영주는 생각이 너무 달라 늘 의견이 (   )했다.
3. 독립 •   • ③ 위인들의 동상을 (   )할 계획이 있다.
4. 대립 •   • ④ 나는 엄마와 아빠의 의견 사이에서 (   )을 지켰다.

정답 1.③ 2.④ 3.① 4.②

4 政 정사 정, 칠 정

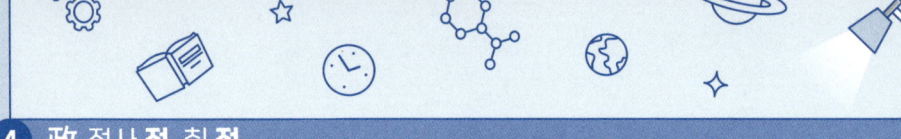

- **정권** 정부를 구성하여 나라를 경영할 수 있는 권력
- **정당** 정치에 대한 이념이나 정책이 일치하는 사람들이 정치적 이상을 실현하기 위하여 조직하는 단체
- **정부** 입법부, 사법부와 구분되어 나라의 일반 행정을 맡아보는 국가 기관
- **정책** 정부나 정치 단체, 개인 등이 정치적인 목적을 실현하거나 사회적인 문제를 해결하기 위하여 취하는 방침이나 수단
- **국정** 나라를 다스리는 일
- **재정** 국가 또는 공공 단체가 행정 활동이나 공공 정책의 시행에 필요한 재산을 조달하고 관리 사용하는 일체의 경제 활동

- **정치** 6 사회

  사회 구성원들 사이에서 일어나는 공동의 문제를 조정하여 해결해 나가는 모든 활동을 '정치'라고 해요. 정치인만 정치를 하는 것이 아니라 국민들이 적극적으로 정치에 참여해야 민주주의가 발전할 수 있어요.

- **행정 부처** 6 사회

  대통령, 국무총리, 행정 각부로 이루어져 법에 따라 국가의 살림을 맡아 하는 곳을 말해요.

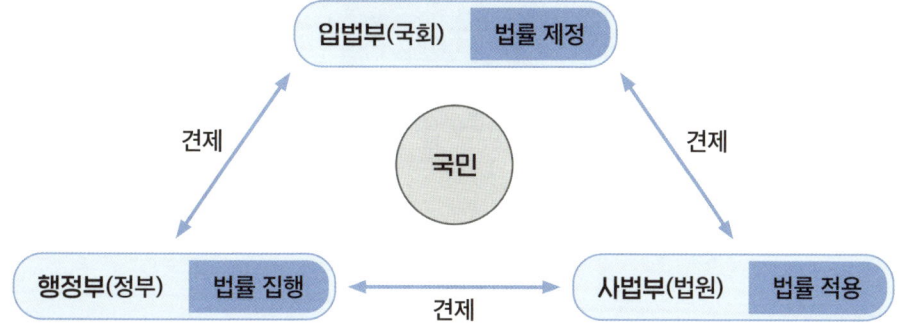

- **政經 癒着(정경 유착)**

  정치계와 경제계가 부도덕한 이익을 위해 서로 밀접한 관계를 맺는 것을 말해요. 기업가는 정치인에게 정치 자금을 제공하고 정치인은 기업가에게 특혜를 베풀어 부당한 이익을 얻게 하는 경우를 말해요. 정경 유착은 **부정부패(不正腐敗)**의 대표적 사례에요.

  *부정부패의 '정'은 바를 '정(正)'을 쓰지요.

- **음은 같지만 뜻이 다른 한자**

政 정사 정	正 바를 정
정치, 정부, 정책, 국정	부정부패, 정답, 정문, 정의

5 獨 홀로 독

```
        독립
   독자적     독방
       獨
       홀로 독
   독창적     단독
      고독  유독
```

- **독립** 나라나 단체가 완전한 자주권을 가짐
- **독방** 홀로 쓰는 방, 또는 한 사람의 죄수만을 가두는 감방
- **단독** 단 한 사람
- **유독** 여럿 가운데 오직 홀로 도드라지게
- **고독** 홀로 있는 듯이 외롭고 쓸쓸함
- **독창적** 예전에 없던 것을 처음으로 만들어 내거나 생각해 내는 것
- **독자적** 남에게 기대지 않고 자신의 힘만으로 하는 것

어휘 살펴보기

• **독재** [6 사회]

'독재'란 민주적인 절차를 부정하고 한 사람이 독단적으로 행하는 정치나 특정한 사람 또는 단체가 어떤 분야에서 모든 권력을 차지하여 일을 독단적으로 처리하는 것을 말해요. 민주주의와 반대되는 개념으로 쓰이며, 독재의 대표적인 예로 '유신 헌법'을 들 수 있어요.

유신 헌법

대통령의 지위와 권한을 강화하고 국회의 지위와 권한을 축소하여 대통령의 독재가 가능하게 한 헌법이에요. 1972년, 박정희 대통령이 유신 헌법을 공포하여 대통령 선거를 직선제에서 간선제로 바꾸고 독재 체제를 강화했어요. 직선제는 국민들이 대통령을 직접 뽑는 것이고, 간선제는 일부만이 투표에 참여하는 거예요. 다시 말해 대통령을 간선제로 뽑게 되면 국민들의 의견을 온전하게 반영하기 어렵지요.

어휘 적용하기

1. 나는 반장 선거에 ㄷ ㄷ 으로 출마해서 투표 없이 당선이 되었다.

2. 온돌은 우리나라의 ㄷ ㅊ ㅈ 인 난방 시설이다.

3. 비가 오는 날이면 왠지 울적하고 ㄱ ㄷ 한 기분이 들었다.

4. 다 같이 떠들었는데 ㅇ ㄷ 나만 선생님께 혼이 났다.

어휘 확장하기

• **天上天下 唯我獨尊(천상천하 유아독존)**

하늘 위와 하늘 아래에서 오직 나 홀로 존귀하다는 뜻으로, 석가모니께서 태어날 때 외치신 말이라고 전해지고 있어요. 우주에서 인간보다 더 존엄한 것은 없다는 뜻이에요.

6 會 모일 회

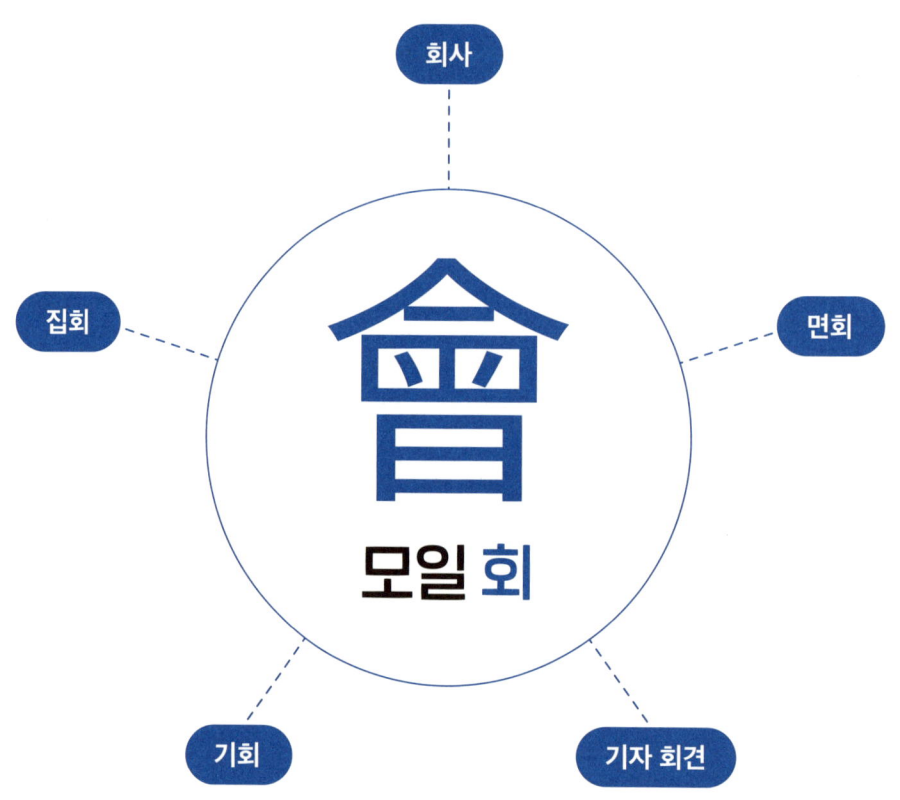

*깃발 '괴', 거간꾼 '쾌', 상투 '괄'로 읽고 뜻하기도 해요.

- **회사** 돈을 벌 목적으로, 상법에 근거하여 설립된 사단 법인
- **면회** 출입이 제한된 기관이나 장소에 있는 사람을 직접 얼굴을 대하여 만나 봄
- **기자 회견** 어떤 사건이나 현상의 내용을 신문이나 방송과 같은 대중 매체를 통하여 설명하거나 해명하기 위해 기자들을 불러 모아서 개최하는 담화나 모임
- **기회** 어떠한 일을 하는 데 적절한 시기나 경우
- **집회** 공동의 목적을 위해 여러 사람들이 모이는 것

- **회의** 6 국어

    여럿이 모여 의논하는 것을 '회의'라고 해요. 학기 초에는 학급의 회장을 선발하는데, 회장은 우리 반을 대표하여 학급 회의를 진행하는 역할을 하지요.

- **국회** 6 사회

    우리나라는 삼권이 분립되어 있어요. 법을 만드는 입법부, 법을 집행하는 행정부, 법에 대한 판단을 내리는 사법부로요. 그중에 법을 만드는 입법 기관을 '국회'라고 해요. 국회는 선거를 통해 뽑힌 국민의 대표인 국회의원들로 구성되어 있지요.

- **대회**

    많은 사람이 일정한 때에 일정한 자리에 모여 행하는 행사를 '대회'라고 해요. 보통 대회에서는 잘한 사람을 뽑아 상을 줘요.

1. 나는 ㄱ ㅎ 가 된다면 미국에 가 보고 싶어.
2. 오늘은 지구의 날을 맞아 환경을 보호하자는 ㅈ ㅎ 가 열렸어.
3. 이번 주말에는 군대에 간 삼촌을 ㅁ ㅎ 하러 가기로 했어.
4. 내가 가장 좋아하는 축구 선수가 ㄱ ㅈ ㅎ ㄱ 을 통해 은퇴를 발표했어.

- **會者定離 去者必返(회자정리 거자필반)**

    만난 자는 반드시 헤어지고, 떠남이 있으면 반드시 돌아옴이 있다는 뜻으로 모든 것이 무상함을 나타내는 말이에요.

7 直 곧을 직

*값 '치'라고 읽고 뜻하기도 해요.

- **수직** 직선과 직선, 평면과 평면 등이 만나 이루는 각이 직각인 상태
- **직접** 중간에 아무것도 끼거나 거치지 않고 바로 연결되는 관계
- **직감** 사물이나 상황을 접했을 때 그 실체나 진상에 대해 순간적으로 느끼어 앎
- **직설** 바른대로 또는 곧바로 말함
- **정직** 사람이나 사람의 성품, 마음 따위가 바르고 곧음
- **직속** 어떤 부서나 직책에 직접 속하여 있음

어휘 살펴보기

- **직**선제 6 사회

  대통령 '직선제'란 대통령을 국민 전체가 직접 투표에 참여하여 선출하는 제도예요. 우리나라의 대통령 직선제는 수많은 시민과 학생들이 군사 독재에 맞서 투쟁한 끝에 민주주의를 이뤄 낸 덕분이에요.

- **직**각 3 수학

  종이를 반듯하게 두 번 접었을 때 생기는 각을 '직각'이라고 해요. 직각 ㄱㄴㄷ을 나타낼 때에는 꼭짓점 ㄴ에 표시를 해요.

  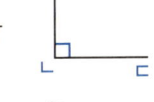

- **직**육면체 5 수학

  직사각형 6개로 둘러싸인 도형을 '직육면체'라고 합니다.

  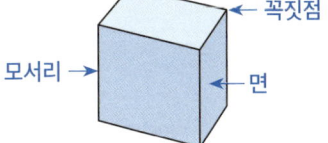

  꼭짓점 / 모서리 / 면

어휘 적용하기

1. 직감 •   • ① 그 사람의 거짓말을 (   )으로 알아차렸다.
2. 직접 •   • ② 전화 통화보다 (   ) 만나서 이야기하는 것이 좋다.
3. 정직 •   • ③ 똑똑한 것보다 (   )한 것이 훨씬 중요하다.
4. 직설 •   • ④ 돌려서 말하지 않고 (   )적으로 말하는 것이 낫다.

어휘 확장하기

- **以實直告(이실직고)**

  사실 그대로 말하는 것을 말해요.

- **單刀直入(단도직입)**

  혼자서 칼 한 자루를 들고 적진으로 곧장 쳐들어간다는 뜻으로, 여러 말을 늘어놓지 않고 바로 요점이나 본론을 중심적으로 말함을 이르는 말이에요.

정답 1.① 2.② 3.③ 4.④

8 民 백성 민

*잠깐 '면'으로 읽고 뜻하기도 해요.

- **민중** 국가와 사회를 구성하고 있는 사람들
- **국민** 한 나라의 통치권 아래에 있는 사람
- **시민** 국가의 정책이나 정치에 참여할 자격이 있는 국민
- **난민** 인종이나 종교, 국적, 특정 사회적 신분, 정치적 견해 등을 이유로 박해를 받을 수 있다는 공포 때문에 자국으로 돌아갈 수 없거나 돌아가기를 원하지 않는 외국인
- **교민** 외국에 나가 살고 있는 우리나라의 국민

어휘 살펴보기

- **민주주의** 6 사회

'민주주의'는 모든 국민이 나라의 주인으로서 자유롭고 평등하게 정치에 참여하는 제도를 말해요. 국가의 주권이 국민에게 있고 국민을 위하여 정치를 행하는 제도지요. 민주주의의 기본 이념을 제대로 이해하고 설명하기 위해 미국의 제16대 대통령인 에이브러햄 링컨의 게티즈버그 연설에서 남긴 "Of the people, by the people, for the people(국민의, 국민에 의한, 국민을 위한 정치)"을 새겨 읽어 보아요. 이는 민주주의 정신을 잘 보여 주는 문장으로, 미국 역사상 가장 위대한 연설 중 하나로 손꼽혀요.

어휘 적용하기

1. 시내버스 노선이 두 개밖에 없다 보니 ㅅ ㅁ 의 발이 되어 주진 못한다.
2. 나라의 발전을 위해 ㄱ ㅁ 각자가 열심히 일해야 할 때이다.
3. 전쟁으로 인해 ㄴ ㅁ 이 늘어나고 있다.
4. 전 세계의 ㄱ ㅁ 들과 함께 우리나라 축구팀을 응원했다.

어휘 확장하기

- **富國安民(부국안민)**

나라를 넉넉하게 하고 백성을 편안하게 한다는 뜻으로, 나라를 부유하게 하고 백성들을 편안하게 안정시킨다는 뜻이에요.

정답 1. 시민 2. 국민 3. 난민 4. 국민

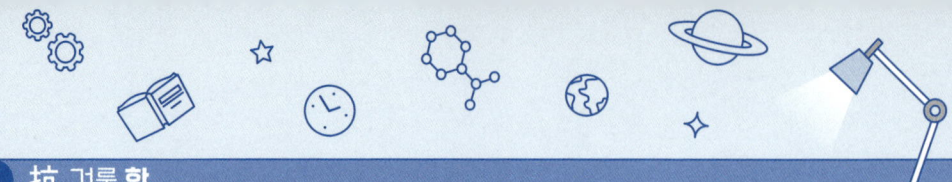

9 抗 겨룰 항

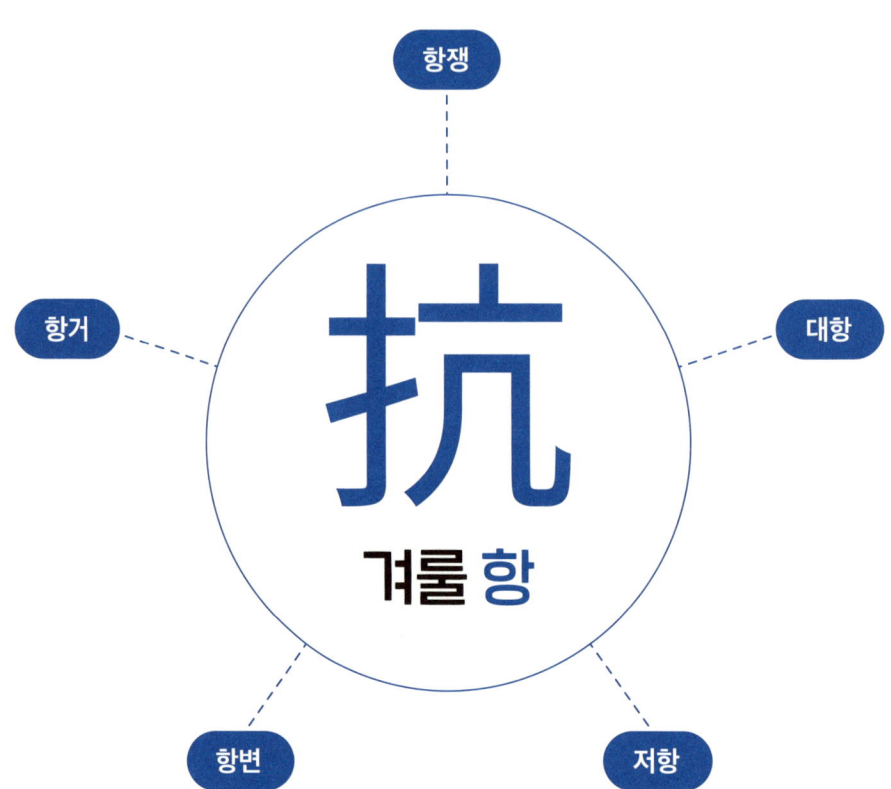

* 들어올려 멜 '강'으로 읽고 뜻하기도 해요.

- **항쟁** 상대에 맞서 싸움
- **대항** 굽히거나 지지 않으려고 맞서서 버티거나 항거함
- **저항** 밖으로부터 가해지는 힘에 굴복하여 따르지 않고 거역하거나 버팀
- **항변** 어떤 일을 부당하다고 여겨 따지거나 반대하는 뜻을 주장함
- **항거** 옳지 않은 것에 순종하지 않고 맞서서 반항함

어휘 살펴보기

- **6월 민주 항쟁** [6 사회]

'6월 민주 항쟁'은 전두환 정부의 독재에 반대하고 대통령 직선제를 요구하며 일어난 범국민적 민주화 운동이에요. 1987년 박종철 고문치사 사건이 발생하고, 연세대학교 학생이었던 이한열 군이 시위 과정에서 최루탄을 맞아 사망하는 일이 발생하면서 민주화 투쟁이 전국적으로 확산되었어요. 그 결과 여당 대표였던 노태우는 대통령 직선제, 지방 자치제 시행, 언론의 자유 보장 등의 내용이 담긴 6.29 민주화 선언을 발표했어요. 모든 국민이 함께 힘을 합쳐 이뤄 낸 우리나라 민주주의 역사의 쾌거라고 볼 수 있지요.

- **항일 운동** [6 사회]

조선 말기, 일본이 왕비였던 명성황후를 죽이고(1895, 을미사변), 억지로 외교권을 빼앗자(1905, 을사늑약) 우리 백성들은 일제에 저항하여 항일 운동을 일으켰어요. 이후 계속된 일제의 침략으로 국권을 상실(1910, 경술국치)한 이후에도 주권을 회복하기 위한 항일 운동은 계속되었어요.

어휘 적용하기

1. 심판의 판정이 잘못되었다고 ㅎ ㅂ 했지만 소용이 없었다.
2. 유관순 열사는 일제의 탄압에 ㅎ ㄱ 하여 대한 독립 만세를 외쳤다.
3. 이번 주 금요일에 반 ㄷ ㅎ 축구 경기가 있을 예정이다.
4. 경찰은 ㅈ ㅎ 하는 범인에게 수갑을 채웠다.

어휘 확장하기

- **抵抗 運動(저항 운동)**

정치적인 압력이나 외국의 지배 따위에 맞서 싸우는 민중 운동을 뜻해요. 저항 운동이란 말은 1789년 프랑스 대혁명 이후에 쓰이는 정치적 용어, 혹은 관념으로 쓰이고 있어요. 일제강점기 때의 항일 운동이나 1980년대의 전국 각지에서 일어난 민주 항쟁은 우리나라에서 벌어진 저항 운동이에요.

정답 / 1. 항변 2. 항거 3. 대항 4. 저항

10 自 스스로 자

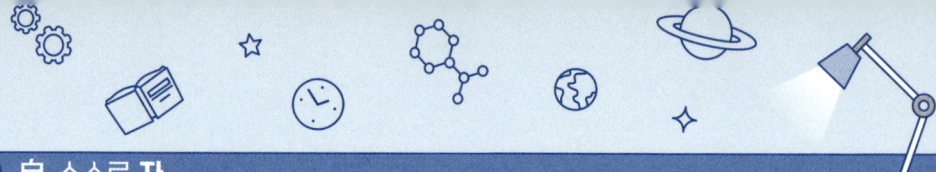

- **자연** 사람의 힘을 더하지 않은 저절로 된 그대로의 현상
- **자유** 남에게 구속을 받거나 무엇에 얽매이지 않고 자기 뜻에 따라 행동하는 것
- **자립** 남에게 의지하거나 종속되지 않고 스스로의 힘으로 섬
- **각자** 각각의 사람이 다 따로
- **자아** 사고, 감정, 의지, 체험, 행위 등의 여러 작용을 주관하며 통일하는 주체
- **자존심** 남에게 굽히지 않고 스스로의 가치나 품위를 지키려는 마음
- **자율** 남의 지배나 구속을 받지 않고 자기가 세운 원칙에 따라서 스스로 규제하는 일

어휘 살펴보기

- **지방 자치** 6 사회
'지방 자치'는 지역 주민들이 직접 선출한 지역 대표들을 통하여 그 지역의 일을 처리하는 제도예요. 지역의 대표는 지방 자치 단체장과 지방 의회 의원으로 구성되며 주민들의 직접 선거를 통해 선출해요.

- **자전** 6 과학
'자전'이란 천체가 자기 자신을 중심으로 회전하는 운동을 말해요. 지구의 자전은 지구가 남극과 북극을 잇는 선을 축으로 하여 회전하는 현상을 말하지요. 이러한 지구의 자전으로 인해 낮과 밤이 생겨요. 지구가 서쪽에서 동쪽으로 자전하기 때문에 지구에서는 태양과 달의 위치가 동쪽에서 서쪽으로 달라지는 것처럼 보여요.

어휘 적용하기

1. 동생에게 먼저 사과하는 것은 ㅈ ㅈ ㅅ 이 허락하지 않아!
2. 선생님께서는 이번 과제는 모둠으로 하지 말고 ㄱ ㅈ 하라고 하셨어.
3. 나는 산이나 바다 같은 ㅈ ㅇ 이 정말 좋아.
4. 내 소원은 주말 내내 ㅈ ㅇ 롭게 게임을 하는 거야.

어휘 확장하기

- **自手成家(자수성가)**
물려받은 재산이 없이 자기 혼자의 힘으로 집안을 세운다는 뜻이에요. 좋지 못한 형편에서 시작해 오롯이 자신의 힘으로 부자가 되거나 크게 성공한 사람들을 뜻해요.

*무일푼: 돈이 한푼도 없음.

정답 1. 자존심 2. 각자 3. 자연 4. 자유

11 經 날 경

- 경험
- 경력
- 경영
- 경로
- 경과
- 경위
- 신경전

經
날 경

- **경험** 실제로 보고 듣거나 몸소 겪음
- **경력** 지금까지 겪거나 거쳐 온 직업이나 학력 등
- **경영** 사업이나 기업 등을 계획적으로 관리하고 운영함
- **경로** 일이 진행되는 방법이나 순서
- **경과** 일이나 사물이 시간이 흘러 지나감에 따라 변화하고 진행되어 가는 과정
- **경위** 일이 되어 온 과정이나 경로
- **신경전** 어떤 문제나 상황에 대해서 서로 심리적으로 갈등 및 대립함

- **경제** 6 사회

인간의 생활에 필요한 재화나 서비스를 만들고(생산), 나누고(분배), 이용하는(소비) 모든 활동을 '경제'라고 해요. 부모님이 열심히 일을 해서 돈을 버는 것, 우리가 용돈으로 학용품이나 간식을 사는 것 등 일상의 모든 활동이 경제 활동이에요.

우리나라 경제의 특징

우리나라에서는 개인과 기업이 자유롭게 경쟁하며 경제 활동을 해요. 정부는 공정한 경제 활동이 이루어질 수 있도록 노력해요.

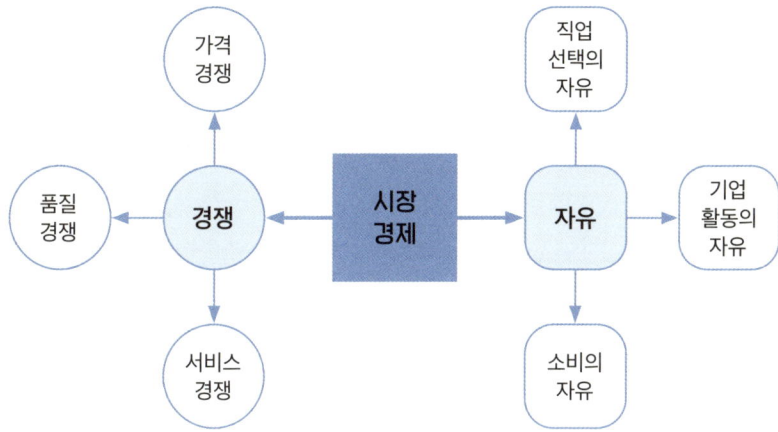

- **牛耳讀經(우이독경)**

쇠(소) 귀에 경 읽기라는 뜻으로, 아무리 가르치고 일러 주어도 알아듣지 못함을 이르는 말이에요.
그 친구는 아무리 좋은 조언도 듣질 않으니 **우이독경**이다.

- **黃金滿籯(황금만영) 不如敎子一經(불여교자일경)**

조선 시대에 어린이들의 인격 수양을 위해 교재로 사용한 『명심보감』에서 나온 문구로, 황금이 상자에 가득 차 있다고 해도 자식에게 경서 하나를 읽히는 것만 못하다는 뜻이에요. 즉 자식을 가르치고 교육하는 것보다 더 좋은 유산은 없다는 뜻이지요.

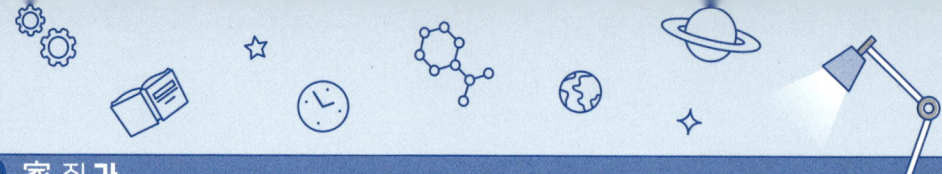

12 家 집 가

- 가족
- 가축
- 가출
- 초가집
- 가문
- 가전

家 집 가

*여자 '고'라고 읽고 뜻하기도 해요.

- **가족** 주로 부부를 중심으로 한 친족 관계에 있는 사람들의 집단
- **가축** 경제적인 소득을 위하여 또는 좋아하여 집에서 기르는 짐승
- **가출** 가족과 살던 집을 등지고 나감
- **초가집** 짚이나 새, 갈대 따위로 지붕을 인 집
- **가문** 가족 또는 가까운 피붙이로 이루어진 공동체
- **가전** 가정에서 사용하는 전자제품

*화가, 예술가, 운동가, 정치가처럼 특정한 활동에 '家(가)'를 붙이면 그러한 활동에 종사하는 사람을 의미함

어휘 살펴보기

- **가계** `6 사회`
  가정 살림을 같이하는 생활 공동체를 말해요. 대부분의 가정에서는 구성원이 일을 하여 근로 소득을 얻고, 그렇게 번 돈으로 가정 생활에 필요한 물건을 사거나 서비스를 제공받는 소비 활동을 해요. 이와 같이 가정 살림을 함께하는 공동체를 '가계'라고 해요.

- **가내 수공업** `6 사회`
  '가내 수공업'이란 집에서 손수 물건을 만드는 것을 말해요. 지금은 기계로 공장에서 대량 생산을 하는 경우가 흔했지만 옛날에는 전통 공예품들을 가내 수공업으로 만드는 경우가 많았어요.

어휘 적용하기

1. 민속 마을에 놀러가서 옛날 사람들이 살던 ㅊ ㄱ ㅈ 을 보았어.
2. 옛날에는 집에서 소, 돼지 같은 ㄱ ㅊ 을 많이 키웠대.

어휘 확장하기

- **家和萬事成(가화만사성)**
  조선 시대에 어린이들의 인격 수양을 위해 교재로 사용한 『명심보감』에서 나온 문구로, 집안이 화목하면 모든 일이 잘 이루어진다는 뜻이에요.

- **修身齊家 治國之本 (수신제가 치국지본)**
  중국 송나라의 유학자 주희가 막 공부를 시작한 사람들을 위해 지은 「소학」을 우리나라에서 새로 만들어 낸 『사자 소학』에서 나온 문구로, 자기 몸을 바르게 하고 가정을 돌보는 것은 나라를 다스리는 근본이라는 뜻이에요.

- **修身 齊家 治國 平天下 (수신 제가 치국 평천하)**
  유교 경전인 「사서(논어, 맹자, 중용, 대학으로 이르는 4권의 책)」 중의 하나인 『대학』에서 나온 문구로, 먼저 자기 몸을 바르게 하고 가정을 돌본 후, 나라를 다스리면 천하를 태평하게 할 수 있다는 뜻이에요. 자신과 자신의 주변부터 돌봐야 더 큰 일을 할 수 있다는 뜻으로 쓰여요.

13 業 업 업

- 직업
- 학업
- 사업
- 작업
- 농업
- 창업
- 대기업

業 업 업

- **직업** 생계를 유지하기 위하여 자신의 적성과 능력에 따라 일정한 기간 동안 계속하여 종사하는 일
- **학업** 공부하여 배움을 닦는 일
- **사업** 주로 생산과 영리를 목적으로 지속하는 계획적인 경제 활동
- **작업** 일정한 목적과 계획 아래 하는 일
- **농업** 토지를 이용하여 인간에게 유용한 동식물을 길러 생산물을 얻어 내는 산업
- **창업** 사업을 처음으로 시작하여 그 기초를 세움
- **대기업** 자본금과 시설, 사원 따위의 수나 규모가 아주 큰 기업

어휘 살펴보기

- **기업** 6 사회
  이윤을 얻기 위해 전문적으로 생산 활동을 하는 경제 주체를 '기업'이라고 해요. 기업은 사람들에게 일자리를 제공하고, 사람들의 생활에 필요한 물건이나 서비스를 제공하여 이윤을 얻어요. 흔히 '회사'라고도 부르지요.

- **경공업** 6 사회
  식료품, 섬유, 종이 등 비교적 가벼운 물건을 만드는 산업을 말해요. 1960년대 우리나라는 자원과 기술이 부족했지만 풍부한 노동력을 바탕으로 경공업을 발전시켰어요.

어휘 적용하기

1. 아버지는 직장을 다니면서 ㅎ ㅇ 에도 최선을 다해 대학원을 졸업했다.
2. 최근 경제 불황으로 ㅈ ㅇ 을 잃고 실업자가 되는 사람들이 많다.
3. 우리 형은 대학교를 졸업한 후 원하던 ㄷ ㄱ ㅇ 에 취업을 했다.
4. 그 회사는 ㅊ ㅇ 한 지 10년 만에 제품을 수출하는 데 성공했다.

어휘 확장하기

- **自業自得(자업자득)**
  자기가 저지른 일의 결과를 자기가 받는다는 뜻이에요.

- **德業相勸 過失相規(덕업상권 과실상규)**
  중국 송나라의 유학자 주희가 막 공부를 시작한 사람들을 위해 지은 「소학」을 우리나라에서 새로 만들어 낸 『사자 소학』에서 나온 문구로, 덕을 쌓는 일은 서로 권하고 과실은 서로 바로잡아 주어야 한다는 뜻이에요. 누군가 좋은 일을 하고 있다면 나도 동참하는 것이 좋고, 누군가 나쁜 일을 했다면 그런 행동을 하지 않도록 타이르는 것이 좋아요.

정답 / 1. 학업 2. 직업 3. 대기업 4. 창업

14 重 무거울 중

- 중요
- 비중
- 존중
- 가중
- 귀중
- 막중
- 중력

重 무거울 중

* 늦곡식 '동' 혹은 아이 '동'으로 읽고 뜻하기도 해요.

- **중요** 소중하고 요긴함
- **비중** 다른 사물과 비교되는 중요성의 정도
- **존중** 높이어 중하게 여김
- **가중** 책임이나 부담 등을 더욱 무겁게 함
- **귀중** 매우 가치가 크고 중요하다
- **막중** 더할 나위 없이 중요하다
- **중력** 지표 부근에 있는 물체를 지구의 중심 방향으로 끌어당기는 힘

- **중화학 공업** 6 사회

무게가 많이 나가는 물건을 만드는 중공업과 화학 공업을 함께 이르는 말이에요. 경공업에 비해 많은 자본과 높은 기술력이 필요한 산업으로, 우리나라는 1970년대에 국가 경제를 발전시키기 위해 중화학 공업 성장을 위한 노력을 많이 했어요. 그러한 노력을 바탕으로 1964년 수출 1억 달러였던 우리나라는 1977년 기준, 수출 100억 달러를 달성하며 높은 경제 성장을 이루었어요.

- 뜻이 반대되는 한자

輕 가벼울 경	重 무거울 중
경공업, 경솔, 경박, 감경	중공업, 중요, 존중, 막중
輕擧妄動(경거망동) 가볍고 생각 없이 망령되게 행동하는 것을 말해요.	**男兒一言重千金(남아일언중천금)** 사내의 한 마디 말은 돈 일천 냥보다 무겁다는 뜻으로, 입 밖으로 꺼낸 말은 반드시 지켜야 한다는 말이에요.

- **榮輕辱淺(영경욕천) 利重害深(이중해심)**

조선 시대에 어린이들의 인격 수양을 위해 교재로 사용한 『명심보감』에서 나온 문구로, 영화로움이 가벼우면 욕됨도 얇고, 이익이 무거우면 손해도 깊다는 뜻이에요. 적게 가지면 책임지거나 잃을 것도 적지만, 많은 것을 가질수록 책임져야 하는 것도 그만큼 많아진다는 것을 뜻해요.

15 爭 다툴 쟁

爭 다툴 쟁

- 논쟁
- 쟁취
- 쟁탈전
- 전쟁
- 투쟁
- 분쟁

- **논쟁** 서로 다른 견해를 가진 사람들이 말이나 글로 옳고 그름을 따지며 다툼
- **쟁취** 서로 겨루어 싸워서 얻음
- **쟁탈전** 권력이나 자리 따위를 차지하기 위해 다투는 싸움
- **전쟁** 나라나 단체들 사이에서 무력을 써서 행하는 싸움
- **투쟁** 단체나 개인 등이 어떤 목적을 이루거나 상대편을 극복하기 위하여 힘쓰거나 싸움
- **분쟁** 서로 시끄럽게 다툼

어휘 살펴보기

- **경쟁** `6 사회`

같은 목적에 대하여 이기거나 앞서려고 겨루는 것을 '경쟁'이라고 해요. 경제 활동에서 개인과 기업은 경쟁을 통해 발전해요. 개인은 원하는 일자리를 얻기 위해서 또는 원하는 물건을 사기 위해서 경쟁을 하지요. 기업은 더 많은 이윤을 얻기 위해 가격 경쟁 또는 품질이나 디자인, 서비스 경쟁을 해요. 기업의 경쟁 덕분에 우리는 더 좋은 물건이나 서비스를 구입할 수 있어요.

경쟁이 없다면? 독과점

독과점이란 하나의 기업이 시장을 모두 차지하고 있는 '독점'과 경쟁자가 거의 없는 '과점'을 합친 용어로 경쟁이 없는 시장을 말해요. 독과점 시장에서 소비자는 물건의 품질이 나쁘고 비싸도 다른 선택의 여지가 없이 사야 해요.

어휘 확장하기

- **犬兎之爭(견토지쟁)**

개와 토끼의 다툼이라는 뜻으로, 두 대상이 서로 싸우고 있는 사이에 제삼자가 이득을 보는 상황을 말해요.

- **蚌鷸之爭(방휼지쟁)**

도요새가 조개와 다투다가 다 같이 어부에게 잡히고 말았다는 뜻으로, 대립하는 두 세력이 다투다가 결국은 구경하는 다른 사람에게 득을 주는 싸움을 비유적으로 이르는 말이에요.

- **漁夫之利(어부지리)**

두 사람이 이해관계로 서로 경쟁하는 사이에 엉뚱한 사람이 애쓰지 않고 가로챈 이익을 이르는 말이에요. 도요새가 무명조개의 속살을 먹으려고 부리를 조가비 안에 넣는 순간 무명조개가 껍데기를 꼭 다물고 부리를 안 놔주자, 서로 다투는 틈을 타서 어부가 둘 다 잡아 이익을 얻었다는 데서 유래하지요.

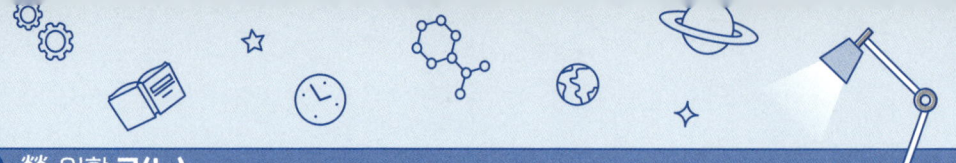

16 勞 일할 로(노)

- **노동** 몸을 움직여 일을 함
- **노고** 어떤 일을 이루기 위해 수고스럽게 힘들이고 애씀
- **공로** 어떤 목적을 이루는 데에 들인 노력이나 수고
- **노조** 근로자가 노동 조건의 유지·개선 및 경제적·사회적 지위의 향상을 위해 조직하는 단체
- **위로** 남의 괴로움이나 슬픔을 달래 주려고 따뜻한 말이나 행동을 베풂
- **근로** 부지런히 일함

- **노사 갈등** 6 사회

  노동자와 기업의 갈등을 말해요. 기업은 노동자들이 적은 월급으로 많은 일을 해 주기 바라고, 노동자는 기업으로부터 더 많은 보상과 복지를 얻기 원하지요. 이렇게 근로 시간, 임금, 복지 등의 근로 조건에 대해 서로의 의견이 다를 때 생기는 갈등을 '노사 갈등'이라고 해요. 노동자들은 더 좋은 노동 환경을 위해 건의하고 정부와 기업은 이를 받아들여 근무 환경을 개선하려고 노력하고 있어요.

- **노동 3권** 6 사회

  우리나라 헌법에서 정하고 있는 노동자들의 권리 3가지를 말해요. 노동자들이 모일 수 있는 단결권, 노동조합이 회사와 이야기를 할 수 있는 단체 교섭권, 노동을 거부할 수 있는 단체 행동권을 말하지요.

  *노동조합: 근로 조건을 더 낫게 만들기 위한 활동을 하는 노동자들의 단체

1. 공무원으로 40년을 근무한 ㄱ ㄹ 를 인정받아 훈장을 받았다.
2. 채은이는 친구들을 ㅇ ㄹ 하는 공감 능력이 뛰어나다.
3. 많은 사람들은 좋은 ㄱ ㄹ 환경에서 일하고 싶어한다.
4. 선생님의 ㄴ ㄱ 에 늘 감사드립니다.

어휘 확장하기

- **不勞所得(불로소득)**

  직접 일을 하지 아니하고 얻는 수익을 불로소득이라고 해요. 로또에 당첨되는 경우, 부모님께 상속으로 재산을 물려받는 경우, 복지 제도의 혜택 등이 불로소득이라고 할 수 있어요.

17 貧 가난할 빈

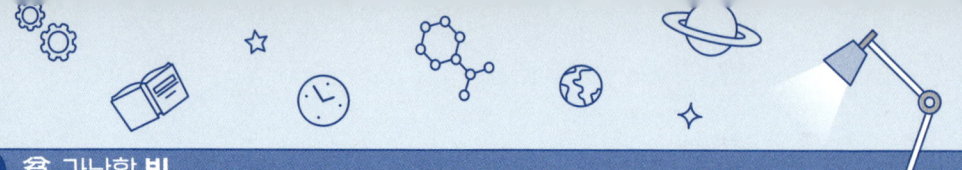

貧 가난할 빈

- 빈약
- 빈혈
- 빈민층
- 빈국
- 빈곤
- 청빈

- **빈약** 형태나 내용이 충실하지 못하여 보잘것없음
- **빈혈** 혈액 속의 적혈구 또는 혈색소가 정상 값보다 감소되어 있는 상태
- **빈민층** 살림살이가 가난한 사람들로 이루어진 사회 계층
- **빈국** 경제력이 약한 나라
- **빈곤** 수입이나 재산이 적어서 살림살이가 넉넉하지 못하고 어려움
- **청빈** 성품과 행실이 곧고 탐욕이 없어 가난함

어휘 살펴보기

- **빈부 격차** 6 사회
  한 사회에서 가난한 사람과 부유한 사람이 지닌 재산의 차이를 '빈부 격차'라고 해요. 흔히 사회의 불평등을 이야기할 때 쓰이는 표현이에요. 우리나라는 급격한 경제 성장으로 인해 노사 갈등, 빈부 격차, 환경 오염 등의 문제가 나타났어요.

  우리나라 경제 성장 과정에서 나타난 문제점
  - ★**빈부 격차** 사람들 간의 소득 차이 증가로 사회적 불평등이 심화
  - ★**지역 격차** 지역 간의 불균형한 발전으로 지방과 도시의 격차 심화
  - ★**노사 갈등** 노동자와 기업 간의 갈등
  - ★**환경 문제** 자연의 무분별한 개발과 훼손, 오염 물질 증가

어휘 적용하기

1. ㅂㅎ 이 심해 앉았다 일어나면 하늘이 노래지는 것 같았다.
2. 어린 시절의 ㅂㄱ 을 이겨 내고 성공을 거두었다.
3. 옛날 선비들은 ㅊㅂ 한 삶을 중요한 덕목으로 여겼다.
4. 생계를 유지하기 어려운 ㅂㅁㅊ 아이들을 위해 모금 활동을 벌였다.

어휘 확장하기

- **安貧樂道(안빈낙도)**
  가난한 생활을 하면서도 편안한 마음으로 도를 즐기는 것을 말해요.

- **富益富 貧益貧(부익부 빈익빈)**
  부자는 더욱 부자가 되고 가난한 사람은 더욱 가난하게 되는 것을 말하지요.

  "요즘 도시는 **부익부 빈익빈**이 심해져서 스트레스가 정말 커. 나는 그런 것에 연연하지 않고 시골에 내려가서 **안빈낙도** 하면서 살고 싶어."

정답 ┃ 1. 빈혈 2. 박근 3. 청빈 4. 빈민층

18 陸 뭍 륙(육)

```
        육지
육교            육상
        陸
        뭍 륙(육)
육로            육군
    상륙    내륙
```

- **육지** 지구에서 바다와 강 등 물이 있는 곳을 제외한 부분
- **육상** 땅 위
- **육군** 주로 땅 위에서 공격과 방어의 임무를 수행하는 군대
- **내륙** 바다에서 멀리 떨어져 있는 육지
- **상륙** 배에서 육지로 오름
- **육로** 뭍 위에 나 있는 길
- **육교** 도로나 철로 위에 놓아 건너갈 수 있게 만든 다리

• **대륙** 6 사회

바다로 둘러 싸인 커다란 땅덩어리를 '대륙'이라고 해요. 세계는 크게 아시아, 유럽, 아프리카, 오세아니아, 남아메리카, 북아메리카, 남극 7개의 대륙으로 이루어져 있어요.

대양

세계의 바다 가운데 넓은 바다를 '대양'이라고 해요. 세계의 대양에는 태평양, 대서양, 인도양, 북극해, 남극해가 있어요.

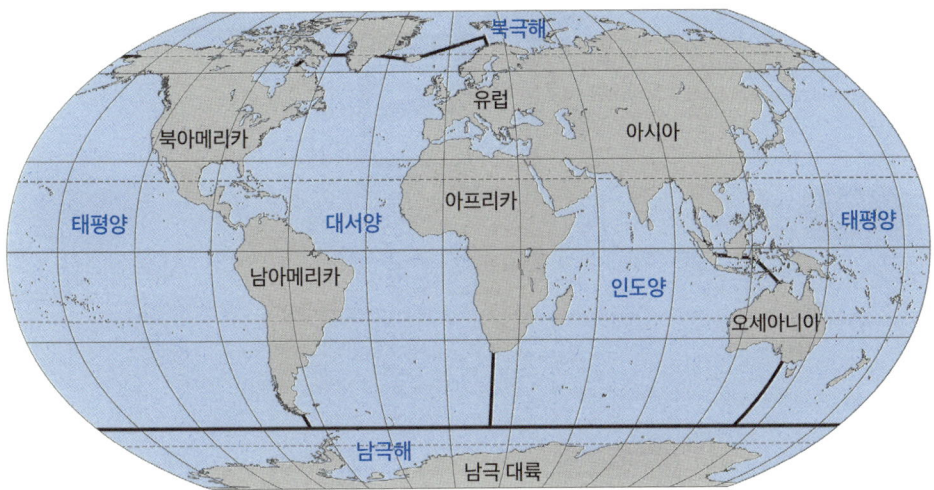

어휘 적용하기

1. 바다와 ㅇㅈ 를 잇는 큰 다리를 짓고 있다.

2. 학교 앞에 ㅇㄱ 가 생겨서 안전하게 도로 위로 걸어갈 수 있다.

3. 내일 ㄴㄹ 지방에는 많은 비가 내린다는 일기 예보가 있었다.

4. 삼촌은 ㅇㄱ 으로 근무하며 우리나라를 지키고 있다.

19 相 서로 상

```
          상대
    상의        상담
        相
    실상  서로 상  상극
        상당수  상종
```

*빌 '양'으로 읽고 뜻하기도 해요.

- **상대** 서로 마주 대함
- **상담** 어떤 일을 서로 의논하거나 문제 해결을 하고 궁금증을 풀기 위해 그 방면의 전문가와 묻고 답함
- **상극** 두 사람 혹은 두 사물이 서로 화합하지 못하고 맞서거나 충돌함
- **상종** 서로 따르며 친하게 지냄
- **상당수** 어지간하게 많은 수
- **실상** 실제의 모양이나 상태
- **상의** 어떤 일을 서로 의논함

어휘 살펴보기

- **상호 의존** 6 사회

  우리나라는 다른 나라와 경제 교류를 통해 경제적 도움을 주고받는 상호 의존 관계에 있어요. 품질이 우수한 물건이나 서로에게 부족한 물건을 수입하고, 수출하는 것 등이 상호 의존의 대표적인 예라고 할 수 있어요.

  ★ **수입** 외국의 물품을 사들이는 것을 말해요. 우리나라의 대표적인 수입품은 원유, 천연가스, 석탄과 같은 천연자원이 있어요.

  ★ **수출** 자국의 물품이나 상품을 다른 나라에 팔아 내는 것을 말해요. 우리나라의 대표적인 수출품은 자동차, 반도체, 선박 등이 있어요.

어휘 확장하기

- **貧窮困厄 親戚相救(빈공궁액 친척상구)**
  婚姻死喪 鄰保相助(혼인사상 인보상조)

  중국 송나라의 유학자 주희가 막 공부를 시작한 사람들을 위해 지은 「소학」을 우리나라에서 새로 만들어 낸 『사자 소학』에서 나온 문구로, 가난과 재앙이 있을 때에는 친척들이 서로 구원해 주고, 혼인이나 장례가 있을 때에는 이웃끼리 서로 도우라는 뜻이에요.

- **觀相不如心相(관상불여심상)**

  중국 송나라의 유학자 주희가 막 공부를 시작한 사람들을 위해 지은 「소학」을 우리나라에서 새로 만들어 낸 『사자 소학』에서 나온 문구로, 관상이란 사람의 생김새를 보고 그 사람의 운명이나 재수 따위를 판단하는 것을 말해요. 그런데 이러한 관상(얼굴의 모양)보다 더 중요한 것이 심상(얼굴의 모양)이라는 뜻이에요. 마음을 가꾸는 것이 사람의 운명을 결정할 수 있다는 뜻이지요.

20 非 아닐 비, 비방할 비

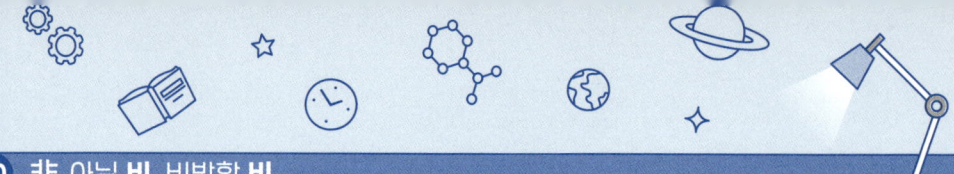

- **비상** 평상시와 다르거나 일상적이지 않아 특별함
- **비문학** 문학과 관련되어 있지 않은 객관적인 사실에 근거하여 쓴 글
- **비현실적** 현재 실제로 존재하는 일이나 상태와는 동떨어진 것
- **비정상** 어떤 것이 바뀌어 달라지거나 탈이 생겨 나타나는 제대로가 아닌 상태
- **비공식** 공적으로 규정되지 않은 사사로운 형식이나 방식
- **비영리 단체** 재산상의 이익을 추구하지 않는 단체
- **비정규직** 근로 방식, 근로 시간, 고용의 지속성 등에서 정식으로 채용되지 않은 직업

- **비정부 기구(NGO, Nongovernmental Organization)** 6 사회

권력이나 이윤을 추구하지 않고 공공의 이익을 추구하는 시민 사회 단체를 '비정부 기구(NGO)'라고 해요. 이러한 비정부 기구는 개인이나 민간단체 중심으로 만들어져 시민들의 자발적인 참여와 모금으로 운영되는 경우가 많아요.

비정부 기구의 종류와 활동

- ★**국경 없는 의사회** 개발 도상국의 의료 지원 활동
- ★**그린피스** 지구 환경 보호 및 기후 변화 방지 활동
- ★**국제 엠네스티** 사형 폐지, 표현의 자유, 여성의 권리 등의 인권 보호 활동

1. 나는 소설같이 만들어 낸 이야기보다 역사나 신문 같은 ㅂ ㅁ ㅎ 글을 더 좋아한다.
2. 그 계획은 실행하기 어려운 데다 상당히 ㅂ ㅎ ㅅ ㅈ 이다.
3. 영찬이는 아주 ㅂ ㅅ 한 머리를 가지고 있다.
4. ㅂ ㄱ ㅅ 적인 방법으로 물건을 구매하면 AS를 받을 수 없다.

- **非夢似夢(비몽사몽)**

완전히 잠이 들지도 잠에서 깨어나지도 않은 어렴풋한 상태를 말해요.

- **非禮勿視(비례물시) 非禮勿聽(비례물청)**

예의가 아니면 보지 말고, 예의가 아니면 듣지 말라는 뜻으로 예의에 어긋나는 것은 듣지도 보지 말라는 뜻이에요.

21 光 빛 광

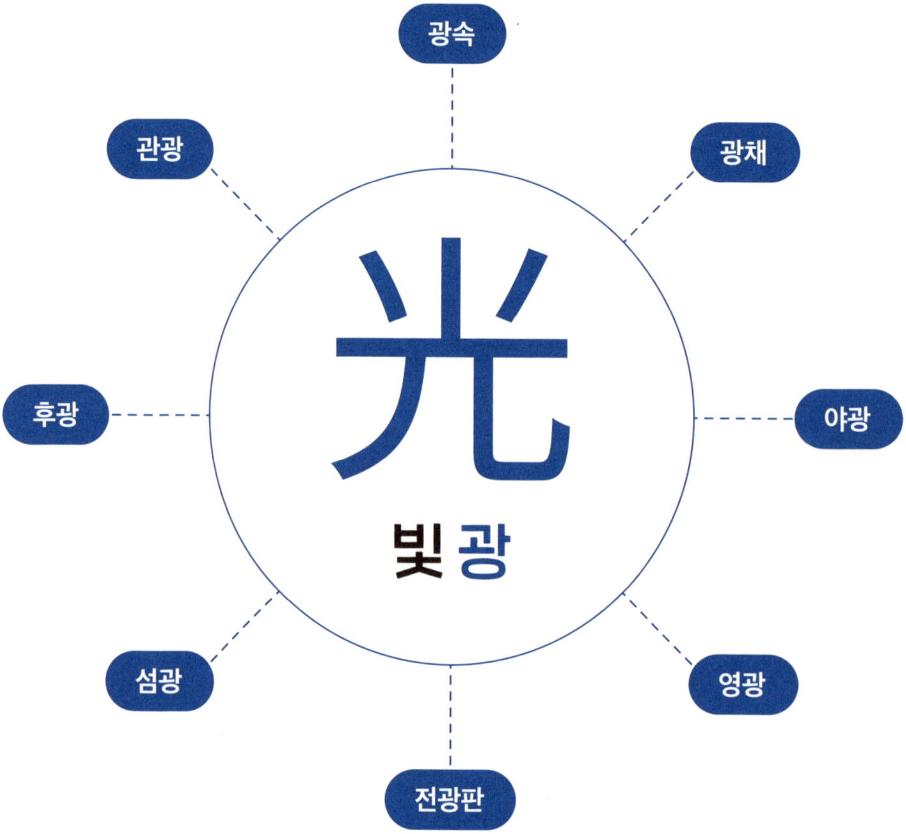

- 광속
- 광채
- 야광
- 영광
- 전광판
- 섬광
- 후광
- 관광

光 빛 광

- **광속** 빛이 나아가는 빠르기
- **광채** 찬란한 빛
- **야광** 밤에 빛을 냄
- **영광** 빛나고 아름다운 영예
- **전광판** 일정한 면 위에 수많은 작은 전구를 배열하여 그 전구가 켜지고 꺼짐에 따라 글자나 그림 따위가 나타나게 만든 게시판
- **섬광** 순간적으로 강하게 번쩍거리어 비치는 빛
- **후광** 어떤 사물을 더욱 빛나게 하거나 더 두드러지게 하는 배경적인 힘을 비유적으로 이르는 말
- **관광** 다른 지방이나 나라의 풍경, 풍물 따위를 구경하고 즐김

- **광합성** 6 과학

식물은 살아가는 데 필요한 양분을 스스로 만들어요. 식물이 빛, 물, 이산화탄소를 이용해 양분을 만드는 작용을 '광합성'이라고 하지요. 광합성은 주로 식물의 잎에서 일어나요.

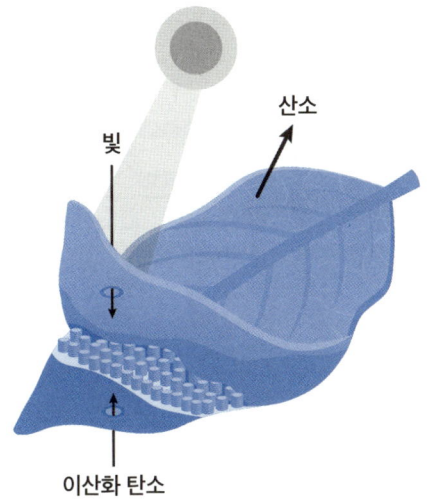

- **광복** 6 사회

빛을 되찾았다는 뜻으로, 우리나라에서는 일본에 빼앗겼던 우리 주권을 다시 찾았다는 의미로 주로 써요. 1945년 8월 15일 제2차 세계 대전에서 일본이 연합국에게 항복하면서 우리나라는 광복을 맞이했어요. 광복을 맞이한 우리나라 사람들은 모두 기뻐하며 만세를 불렀어요.

어휘 적용하기

1. 천장에 ㅇ ㄱ 스티커를 붙였더니 방 안에 별이 떠 있는 것 같다.
2. 학교를 대표해서 상을 받다니 ㅇ ㄱ 이었다.
3. 좋아하는 연예인을 직접 보니 얼굴에서 ㄱ ㅊ 가 나는 듯했다.
4. 경기장 ㅈ ㄱ ㅍ 에 경기의 진행 상황이 쓰여 있었다.

정답 1. 야광 2. 영광 3. 광채 4. 전광판

22 屈 굽힐 굴

- 굴욕
- 굴광성
- 불굴
- 비굴
- 굴복
- 굴지
- 굴곡

屈 굽힐 굴

*옷 이름 '궐'로 읽고 뜻하기도 해요.

- **굴욕** 남에게 억눌려 업신여김이나 모욕을 받음
- **불굴** 어떤 어려움에 부닥쳐도 굽히지 않음
- **굴복** 힘이 모자라서 주장이나 뜻을 굽히고 복종함
- **굴곡** 이리저리 굽어 꺾임
- **굴지** 여럿 가운데에서 손가락을 꼽아 셀 만큼 뛰어남
- **비굴** 겁이 많고 마음의 중심이 없어 행동이나 태도가 바르지 못하고 떳떳하지 못함
- **굴광성** 굴성의 하나로, 식물체가 빛의 자극에 의하여 그 빛과 관계된 방향으로 굽어 자라는 성질

어휘 살펴보기

• 빛의 굴절 6 과학

빛이 직진하다가 서로 다른 물질의 경계를 지나면서 꺾이는 현상을 '빛의 굴절'이라고 해요. 예를 들어 빛이 프리즘이나 물, 유리, 렌즈와 같은 물질을 지나가면 빛이 굴절되는 것을 관찰할 수 있어요.

★ 일상에서 볼록렌즈가 쓰인 예 현미경, 확대경, 사진기, 돋보기 안경

어휘 적용하기

1. 전교생이 모인 자리에서 놀림을 당해 너무 ㄱ ㅇ 적이었다.

2. 현장 학습을 가는 길에 ㄱ ㄱ 이 많아 멀미가 났다.

3. 이순신 장군은 ㅂ ㄱ 의 의지로 한산도 대첩을 승리로 이끌었다.

4. 다른 사람을 힘으로 ㄱ ㅂ 시키려 해서는 안 된다.

어휘 확장하기

• 百折不屈(백절불굴)

어떠한 난관에도 결코 굽히지 않는 것을 말해요.

• 屈己者 能處重(굴기자 능처중) 好勝者 必遇敵(호승자 필우적)

조선 시대에 어린이들의 인격 수양을 위해 교재로 사용한 『명심보감』에서 나온 문구로, 자기를 굽힐 수 있는 사람은 중요한 자리에 오를 수 있지만 이기기를 좋아하는 사람은 반드시 적을 만난다는 뜻이에요. 다른 사람과의 관계에서 남을 이기려고만 해서는 안 되며 때와 상황에 맞게 자신을 굽힐 줄 알아야 한다는 뜻이에요.

정답 1. 굴욕 2. 굴곡 3. 불굴 4. 굴복

부록1 한자별 초등 개정 교과 과정

학년	단어NO	단어	뜻	과목	교과 연계
1~2학년	1	入	들 입	학교생활 일반	
1~2학년	2	學	배울 학	학교생활 일반	
1~2학년	3	先	먼저 선	학교생활 일반	
1~2학년	4	親	친할 친	학교생활 일반	
1~2학년	5	兄	형 형	학교생활 일반	
1~2학년	6	冊	책 책	학교생활 일반	
1~2학년	7	書	글 서	학교생활 일반	
1~2학년	8	食	먹을 식	학교생활 일반	
1~2학년	9	手	손 수	학교생활 일반	
1~2학년	10	朝	아침 조	학교생활 일반	
1~2학년	11	動	움직일 동	학교생활 일반	
1~2학년	12	同	한가지 동	학교생활 일반	
1~2학년	13	誠	정성 성	학교생활 일반	
1~2학년	14	禮	예도 례(예)	학교생활 일반	
1~2학년	15	習	익힐 습	학교생활 일반	
1~2학년	16	規	법 규	학교생활 일반	
1~2학년	17	長	길 장 어른 장	학교생활 일반	
3학년	1	感	느낄 감	국어 3-1	1. 재미가 톡톡톡
3학년	2	文	글월 문	국어 3-1	2. 문단의 짜임
3학년	3	作	지을 작	국어 3-2	1. 작품을 보고 느낌을 나누어요
3학년	4	童	아이 동	국어 3-2	4. 감동을 나타내요
3학년	5	計	셀 계	수학 3-1	1. 덧셈과 뺄셈
3학년	6	時	때 시	수학 3-1	5. 길이와 시간
3학년	7	分	나눌 분	수학 3-2	4. 분수

학년	번호	한자	훈음	교과	단원
3학년	8	交	사귈 교	사회 3-1	3. 교통과 통신 수단의 변화
3학년	9	通	통할 통	사회 3-1	3. 교통과 통신 수단의 변화
3학년	10	人	사람 인	사회 3-2	1. 환경에 따라 다른 삶의 모습
3학년	11	衣	옷 의	사회 3-2	1. 환경에 따라 다른 삶의 모습
3학년	12	農	농사 농	사회 3-2	2. 시대마다 다른 삶의 모습
3학년	13	豫	미리 예	과학 3-1	1. 물질의 성질
3학년	14	物	물건 물	과학 3-1	1. 물질의 성질
4학년	1	角	뿔 각	수학 4-1	2. 각도
4학년	2	多	많을 다	수학 4-2	6. 다각형
4학년	3	方	모 방 본뜰 방	사회 4-1	1. 지역의 위치와 특성
4학년	4	記	기록할 기	사회 4-1	1. 지역의 위치와 특성
4학년	5	縮	줄일 축	사회 4-1	1. 지역의 위치와 특성
4학년	6	等	무리 등	사회 4-1	1. 지역의 위치와 특성
4학년	7	中	가운데 중	사회 4-1	1. 지역의 위치와 특성
4학년	8	公	공평할 공	사회 4-1	3. 지역의 공공 기관과 주민 참여
4학년	9	住	살 주	사회 4-1	3. 지역의 공공 기관과 주민 참여
4학년	10	問	물을 문	사회 4-1	3. 지역의 공공 기관과 주민 참여
4학년	11	村	마을 촌	사회 4-2	1. 촌락과 도시의 생활모습
4학년	12	生	날 생	사회 4-2	2. 필요한 것의 생산과 교환
4학년	13	低	낮을 저	사회 4-2	3. 사회 변화와 문화 다양성
4학년	14	高	높을 고	사회 4-2	3. 사회 변화와 문화 다양성
4학년	15	差	다를 차	사회 4-2	3. 사회 변화와 문화 다양성
4학년	16	世	인간 세 대 세	사회 4-2	3. 사회 변화와 문화 다양성
4학년	17	地	땅 지	과학 4-1	1. 지층과 화석
4학년	18	石	돌 석	과학 4-1	1. 지층과 화석
4학년	19	巖	바위 암	과학 4-1	1. 지층과 화석

4학년	20	植	심을 식	과학 4-1	2. 식물의 한살이
4학년	21	測	헤아릴 측	과학 4-1	3. 물체의 무게
4학년	22	平	평평할 평	과학 4-1	3. 물체의 무게
4학년	23	合	합할 합	과학 4-1	4. 혼합물의 분리
5학년	1	共	함께 공	국어 5-1	1. 대화와 공감
5학년	2	助	도울 조	국어 5-1	1. 대화와 공감
5학년	3	論	논할 론(논)	국어 5-1	5. 글쓴이의 주장
5학년	4	主	주인 주 임금 주 심지 주	국어 5-1	5. 글쓴이의 주장
5학년	5	根	뿌리 근	국어 5-1	5. 글쓴이의 주장
5학년	6	約	맺을 약	수학 5-1	2. 약수와 배수
5학년	7	數	셈 수	수학 5-2	4. 소수의 곱셈
5학년	8	行	다닐 행	사회 5-1	1. 국토와 우리 생활
5학년	9	島	섬 도	사회 5-1	1. 국토와 우리 생활
5학년	10	國	나라 국	사회 5-1	1. 국토와 우리 생활
5학년	11	氣	기운 기	사회 5-1	1. 국토와 우리 생활
5학년	12	災	재앙 재	사회 5-1	1. 국토와 우리 생활
5학년	13	法	법 법	사회 5-1	1. 국토와 우리 생활
5학년	14	形	모양 형	사회 5-1	1. 국토와 우리 생활
5학년	15	言	말씀 언	사회 5-1	2. 인권존중과 정의로운 사회
5학년	16	權	권세 권 저울추 권	사회 5-2	2. 옛 사람들의 삶과 문화
5학년	17	實	열매 실	사회 5-3	2. 옛 사람들의 삶과 문화
5학년	18	傳	전할 전	과학 5-1	1. 온도와 열
5학년	19	對	대할 대	과학 5-1	1. 온도와 열
5학년	20	斷	끊을 단	과학 5-1	1. 온도와 열
5학년	21	系	맬 계	과학 5-1	2. 태양계와 별

학년	번호	한자	훈음	교과	단원
5학년	22	溶	녹을 용	과학 5-1	4. 용해와 용액
5학년	23	溫	따뜻할 온 쌓을 온	과학 5-2	2. 날씨와 우리 생활
5학년	24	速	빠를 속	과학 5-2	3. 물체의 운동
6학년	1	推	밀 추	국어 6-1	6. 내용을 추론해요
6학년	2	發	필 발	국어 6-2	4. 효과적으로 발표해요
6학년	3	立	설 립(입)	수학 6-1	2. 각기둥과 각뿔
6학년	4	政	정사 정 칠 정	사회 6-1	1. 우리 나라의 정치 발전
6학년	5	獨	홀로 독	사회 6-1	1. 우리 나라의 정치 발전
6학년	6	會	모일 회	사회 6-1	1. 우리 나라의 정치 발전
6학년	7	直	곧을 직	사회 6-1	1. 우리 나라의 정치 발전
6학년	8	民	백성 민	사회 6-1	1. 우리 나라의 정치 발전
6학년	9	抗	겨룰 항	사회 6-1	1. 우리 나라의 정치 발전
6학년	10	自	스스로 자	사회 6-1	1. 우리 나라의 정치 발전
6학년	11	經	날 경	사회 6-1	2. 우리 나라의 경제 발전
6학년	12	家	집 가	사회 6-1	2. 우리 나라의 경제 발전
6학년	13	業	업 업	사회 6-1	2. 우리 나라의 경제 발전
6학년	14	重	무거울 중	사회 6-1	2. 우리 나라의 경제 발전
6학년	15	爭	다툴 쟁	사회 6-1	2. 우리 나라의 경제 발전
6학년	16	勞	일할 로(노)	사회 6-1	2. 우리 나라의 경제 발전
6학년	17	貧	가난할 빈	사회 6-1	2. 우리 나라의 경제 발전
6학년	18	陸	뭍 륙(육)	사회 6-2	1. 세계의 여러 나라들
6학년	19	相	서로 상	사회 6-2	1. 세계의 여러 나라들
6학년	20	非	아닐 비 비방할 비	사회 6-2	2. 통일 한국의 미래와 지구촌의 평화
6학년	21	光	빛 광	과학 6-1	3. 식물의 구조와 기능
6학년	22	屈	굽힐 굴	과학 6-1	4. 빛과 렌즈

부록2 초등 개정 교과 과정 필수 단어

6월 민주 항쟁 193

ㄱ
가거도 143
가계 199
가내 수공업 199
가문 198
가속도 172
가장 44
가전 198
가족 198
가중 202
가축 198
가출 198
가화만사성 199
각도 79
각서 24
각자 194
감각 기관 48
감개무량 49
감동 48
감지덕지 49
감축 86
갑론을박 131
개발 178
개입 12
개통 64
거인 66
거주지 94
거푸집 153
건립 180
걸작 52
검문 96
격세지감 109

격차 106
견물생심 75
견토지쟁 205
결단 164
결합 122
경거망동 203
경공업 201
경과 196
경국지색 145
경력 196
경례 38
경로 196
경영 196
경위 196
경쟁 205
경제 197
경지 110
경험 196
계량 56
계발 178
계산 57
계약 136
계열 166
계측 56
계파 166
계획 56
고급 104
고독 184
고등학교 104
고령화 105
고물 74
고생 100
고속 도로 104, 172
고위층 104

고학년 104
고혈압 104
곡식 26
공감 127
공공 기관 93
공금 92
공기 146
공동 34
공동 구매 126
공동체 34, 126
공로 206
공명정대 93
공무원 92
공생 126
공수 29
공식 92
공유 126
공익 92
공작 52
공정 92
공존 126
공책 23
공통 64
공통점 126
공평 92
과다 80
과반수 138
과식 26
관광 216
관습 40
관측 118
관포지교 63
광복 217
광속 172, 216

광채 216
광합성 217
교감 62
교과서 24
교류 63
교민 190
교장 선생님 45
교제 62
교차로 62
교통수단 63
교환 62
구연동화 54
구조 128
국가 144
국경 144
국군 144
국기 144
국립 공원 180
국민 190
국어 145
국정 182
국토 145
국회 187
군신유의 45
군위신강 45
군인 66
굴곡 218
굴광성 218
굴복 218
굴욕 218
굴지 218
권력 156
권리 156
권문세족 157

권불십년 157
권위 156
귀중 202
규범 42
규정 42
규제 42
규칙 43
규칙성 43
균등 88
극소수 138
근거 135
근거지 134
근로 206
근본 134
근성 134
근원지 134
근절 134
금의환향 69
급선무 16
급식실 27
기록 84
기본권 157
기사회생 101
기암괴석 115
기암절벽 115
기압 147
기약 분수 137
기억 84
기업 201
기온 146
기온 171
기입 84
기자 회견 186
기진맥진 147

기하급수 139
기행문 140
기호 85
기회 186
기후 147
긴축 재정 87

ㄴ

난민 190
난민촌 98
난형난제 21
남북 분단 165
내륙 210
노고 206
노동 32, 206
노발대발 179
노사 갈등 207
노인 66
노조 206
녹지 110
논리 130
논문 130
논설문 131
논의 130
논쟁 204
농경 사회 70
농부 70
농사 71
농산물 70
농약 70
농업 200
농지 70
농촌 99
농축 86

ㄷ

다각형 81
다국적 80

다다익선 81
다도해 142
다산 80
다수결 81
다양성 80
다자녀 80
단도직입 189
단독 184
단열 165
단정 164
단축 86
대각선 78
대기업 200
대다수 80, 138
대답 162
대류 163
대륙 211
대리석 112
대립 162, 180
대서특필 25
대양 211
대조 162
대칭 163
대항 192
대화 162
대회 187
도서 지역 142
도서관 25
도입 12
도형 152
독과점 205
독단적 164
독도 143
독립 184
독립 선언서 155
독방 184
독자적 184
독재 185

독창적 184
동고동락 35
동고서저 103
동맹 34
동문서답 97
동복형제 20
동시 55
동시대 58
동심 54
동요 54
동의 35
동창 34
동포 34
동학 농민 운동 71
동호회 34
동화책 22
두각 78
두레 129
둔각 78
등고선 89
등급 88
등식 88
등온선 89

ㅁ

마라도 143
막중 202
만물 74
만화책 22
매형 21
면회 186
명문대작 51
명수 28
명실상부 159
명언 154
모근 134
목동 54
묘수 28

묘지 110
무기명 84
무법천지 151
무성의 36
무언극 155
무위도식 27
무인도 142
무차별 106
문단 51
문맹 50
문방사우 51
문법 150
문의 96
문학 50
문항 96
문화 50
문화유산 51
물건 74
물질 75
물체 75
미온적 170
미지수 138
민속촌 98
민주주의 133, 191
민중 190

ㅂ

박물관 74
박학다식 15, 81
반도 143
반문 96
발령 178
발명 178
발생 178
발언 154
발표 179
방법 150
방위표 83

방재 148
방침 82
방학 14
방향 82
방휼지쟁 205
배수 139
백년가약 137
백년지계 57
백의민족 69
백절불굴 219
범인 66
법률 150
법원 151
법치 국가 150
변수 138
보고서 24
보물 74
보석 112
보조 128
부계 사회 166
부국안민 191
부동산 32
부부유별 45
부분 60
부위부강 45
부위자강 45
부익부 빈익빈 209
부자유친 19, 45
부작용 52
부정부패 183
부조금 128
부지기수 139
분류 61
분리수거 60
분석 60
분수 61
분야 60
분열 60

분위기 146
분쟁 204
불가분 60
불굴 218
불규칙 42
불로소득 207
불안감 48
불평 120
불확실 158
붕우유신 45
비공식 214
비굴 218
비몽사몽 215
비문학 214
비상 214
비영리 단체 214
비정규직 42, 214
비정부 기구(NGO) 215
비정상 214
비중 202
비행기 140
비현실적 214
빈곤 208
빈국 208
빈민촌 98
빈민층 208
빈부 격차 209
빈약 208
빈혈 208
빛의 굴절 219

ㅅ

사각지대 79
사교적 62
사리분별 61
사물 74
사방팔방 83
사생결단 165

사실 158
사암 115
사업 200
사장 44
사회권 157
산문 50
산업 재해 149
산지촌 99
살인 66
삼각관계 79
삼다도 142
삼척동자 55
삼한 사온 171
상극 212
상담 212
상당수 212
상대 212
상대방 82, 162
상륙 210
상부상조 129
상습적 40
상의 68
상의 212
상종 212
상주 94
상호 의존 213
생로병사 101
생명 100
생물 100
생산 101
생태계 167
생활 100
서당 25
서류 24
서적 24
석기 시대 113
석유 112
석탑 112

선두 16
선례 16
선배 17
선분 61
선생님 17
선언문 50
선입견 13
선진국 16
선착순 17
선천적 16
선친 18
설립 180
설문지 96
섬광 216
성실 37
성심성의 37
성의 36
성장 44
세계 108
세계화 109
세대 108
세례 38
세속적 108
세습 108
세시풍속 59
세태 108
소설책 22
소수 139
소통 64
속도 172
속력 173
속사포 172
속수무책 29
속전속결 173
솔선수범 17
수단 28
수류탄 28
수시 58

수용성 168
수의 68
수입 12, 213
수재민 148
수직 188
수첩 28
수축 86
수출 213
수평 121
수평선 120
습관 41
습기 146
습성 40
시간 59
시계 56
시민 190
시작 52
시절 58
시차 106
시한 58
식구 26
식단표 27
식당 26
식량난 26
식목일 116
식물인간 116
식민지 116
식수 116
식욕 26
식재 116
신경전 196
신변잡기 85
신속 172
실상 212
실수 28
실습 40
실언 154
실업계 166

실용 158
실측 118
실학 159
실행 140
실험 158
십중팔구 91

ㅇ

아동 54
악수 28
안빈낙도 209
안하무인 67
암각화 114
암반수 114
암벽 114
암석 112, 114
압축 86
애국자 144
애국지사 145
야광 216
약속 136
약수 137
양성평등 89
양친 18
어부지리 205
어촌 99
억측 118
언론 130
언어 154
언중유골 91
언행 140
여론 130
역암 115
연기 146
연습 41
연장 44
열기 146
열등감 88

영광 216
예각 78
예감 72
예매권 72
예방 접종 72
예산안 73
예상 73
예약 72, 136
예언 154
예우 38
예의 38
예절 39
예정 72
예측 72
오감 48
오차 106
온기 170
온도 171
온돌 171
온수 170
온실 170
온정 170
온천 170
외가 18
외교 62
외교관 62
외국 144
외조 128
용기 146
용매 168
용암 114
용액 168
용질 168
용해 169
우문현답 97
우선 16
우유부단 165
우이독경 197

운동장 33
운동회 32
운문 50
원주민 94
위로 206
위인전기 160
위축 86
유독 184
유명무실 159
유물 74
유서 24
유신 헌법 185
유언 154
유전 160
유추 177
유통 65
유학 14
육교 210
육군 210
육로 210
육상 210
육지 110, 210
융합 122
의기소침 147
의복 68
의사소통 65
의식주 69
의중 90
의형제 20
이론 130
이복형제 20
이실직고 189
이심전심 161
이암 115
이재민 148
이주 94
인구 66
인권 67, 156

인류애 66
인문 환경 67
인문계 166
인산인해 67
인상착의 68
인생 100
인형 152
일가친척 19
일교차 106
일기 85
일기 예보 72
일대기 85
일맥상통 65
일방통행 65
일석이조 113
일시적 58
입법 181
입시 13
입지 110
입체 도형 181
입춘 12
입학 13

ㅈ

자기 주도 132
자동 32
자문 96
자발적 178
자석 112
자수성가 195
자신감 48
자아 194
자업자득 201
자연 194
자연재해 149
자유 194
자유권 157
자율 194

자전 195
자존심 194
자타공인 127
작심삼일 53
작업 200
작용 52
작용 반작용 53
작품 53
장관 44
장기 이식 116
장기적 44
장례식 38
장애물 74
장유유서 45
장점 45
재난 148
재물 74
재앙 148
재정 182
쟁취 204
쟁탈전 204
저소득층 102
저예산 102
저지대 102
저질 102
저출산 103
저학년 102
저항 192
저항 운동 193
전광판 216
전기 146
전달 160
전도 161
전승 160
전염병 160
전쟁 204
전통문화 160
절세미인 109

절약 136
점수 138
점입가경 13
정경 유착 183
정권 182
정당 182
정부 182
정성 36
정직 188
정책 182
정치 183
제약 136
제주도 142
조간신문 30
조력 128
조삼모사 31
조석 30
조수 128
조식 30
조약 136
조언 129, 154
조연 128
조조할인 30
조찬 30
조회 31
존중 202
종합 병원 122
종형제 20
주객전도 133
주거 94
주권 132
주례 38
주민 95
주소 94
주요 132
주인공 66
주장 133
주체 132

주택 94
준법 150
중계 90
중년 90
중단 164
중독 90
중력 202
중립 90, 180
중심지 91
중앙 90
중요 202
중저가 102
중화학 공업 203
지구 110
지구촌 99
지방 82
지방 자치 195
지역 문제 97
지용성 168
지층 111
지하 110
지형 153
직각 78, 189
직감 188
직계 가족 166
직계 비속 167
직계 존속 167
직선제 189
직설 188
직속 188
직업 200
직육면체 189
직접 188
진입 12
집권 156
집성촌 98
집중 90
집회 186

ㅊ
차등 88
차별 107
차세대 108
차이점 106
참정권 157
창업 200
창작 52
책 23
책방 22
책상 22
책자 22
책장 22
처단 164
처방 82
천고마비 105
천방지축 83
천재지변 149
천차만별 107
천하태평 121
청구권 157
청빈 208
청약 136
체계적 166
체온 170
초가집 198
초고속 172
초등학교 15, 88
초석 112
촌락 99
최고봉 104
최저 임금 103
추론 177
추리 소설 176
추앙 176
추정 176
추진력 176
추천 176

추측 118, 176
축소 86
축약 86
축척 87
출발 178
출세 108
출입구 12
충동 32
충성심 36
측량 118
측우기 118
측정 119
치성 36
친가 18
친구 19
친목 18
친절 18
친척 18

ㅋ
쾌속선 172

ㅌ
타산지석 113
탈의실 68
태양계 167
토론 131
통과 64
통로 64
통보 64
통신 수단 65
퇴적암 115
투쟁 204
특권 156

ㅍ
판단력 164
팔각정 78

팔등신 89
패권 156
편견 107
편차 106
평균 120
평등 88, 120
평등권 157
평면 도형 121
평생 100
평일 120
평행 121
평화 120
표기 84
표리부동 35
품앗이 129
풍습 40

ㅎ
하의 68
학급 15
학문 96
학생 14
학습 14, 40
학업 200
학원 14
합동 123
합리적 122
합법 122
합법적 150
합병증 122
합작 122
항거 192
항변 192
항일 운동 193
항쟁 192
해괴망측 119
행동 140
행동거지 33

행방 82
행실 140, 158
행위 140
행정 구역 141
행정 부처 183
행정부 141
향촌 98
헌법 151
현실 158
협동 35
협조 128
형상 152
형세 152
형식 152
형제 20
형제국 20
형태 152
형편 152
형평 120
형형색색 153
호감 48
호의호식 27
호형호제 21
혼합물 123
화근 134
화산 폭발 179
화석 113
화재 148
화합 122
확립 180
회계 56
회사 186
회의 187
횡단보도 164
후광 216
후세 108